JN416146

10 STEP

9단계

구약성경 탐험

순출판사
CCC 한국대학생선교회

9단계 구약성경 탐험

1985년 2월 28일 초판 발행
2014년 6월 23일 개정판 1쇄 발행
2024년 1월 5일 개정판 5쇄 발행

지 은 이 빌 브라이트
발 행 처 순출판사
감 수 교육 & 개발팀
디 자 인 아이엠크리에이티브
일러스트 아이엠크리에이티브
주 소 서울시 종로구 백석동 1가길 2-8
전 화 02)722-6931~2 팩 스 02)722-6933
인 터 넷 http://www.kccc.org
등록번호 제 2020-000159호

값 4,000원
ISBN 978-89-389-0271-9

본서의 판권은 순출판사에 있습니다. 무단 전재 및 복제를 금합니다.
책 내용과 관련된 문의는 한국대학생선교회_교육 & 개발팀 (02-397-6267)으로 문의 바랍니다.

CCC
10단계
성경교재

〈개정판〉

그리스도인은 날마다 영적으로 성장해야 합니다. 그리스도인이 성숙할수록 주님의 은혜를 더욱 풍성히 누리고 또 세상에서 주님을 위해 영향력 있는 삶을 살 수 있습니다.

CCC 10단계 성경교재〈개정판〉은 영적 성장에 필요한 하나님 말씀의 기본적이고 핵심적인 내용들을 담고 있습니다. 이 책을 공부하면 성경에 대한 지식과 중요한 교리뿐만 아니라 기독교 신앙의 광범위한 개관을 체계적으로 알 수 있으며 그리스도인의 삶의 특성과 그리스도인의 특권과 책임에 대해서도 배울 수 있습니다. 또한 나 자신의 영적 성장만 아니라 다른 사람을 그리스도에게 인도하거나 그의 믿음이 성장하도록 도울 수 있습니다.

이 교재는 중 · 고등학생에서부터 대학생과 성인, 모두가 사용할 수 있으며, 혼자서 공부할 수도 있고 그룹으로 함께 공부할 수 있는 주제별 성경공부 교재입니다.

CCC 10단계 성경교재〈개정판〉은 국제 CCC 창설자이신 고(故) 빌 브라이트 박사님의 지도하에 만들어진 책입니다. 책의 앞에 나오는 글은 빌 브라이트 박사가 하신 이야기입니다. 이 책은 본래 있던 교재를 다시 개정한 것입니다.

순(筍)

이새의 줄기에서 뻗어 나온 연한 순(筍)은 주님을 가리킨다(사 11:1; 53:1–12). 순은 가지에서부터 무한히 뻗는 동안 잎과 꽃과 열매를 맺는다. 순은 자신을 위해 있는 것이 아니라 숨어버리는 무한한 생명의 전달자요, 나룻배요, 어머니요, 수단이요, 기능일 뿐이다. 오늘도 CCC의 순(제자화를 위한 소그룹)은 이 땅에 '푸르고 푸른 그리스도의 계절'이 오도록 강인한 생명력으로 힘차게 뻗어가고 있다.

순(筍)출판사는 주님의 지상명령 성취와 한국 교회를 섬기기 위한 CCC의 문서사역을 감당합니다.

10 STEP

그리스도인의 성장을 위한
CCC 10단계 성경교재

구약성경 탐험

Intro 약속과 축복에 담긴 비밀 발견하기 06

제1과 구약성경을 한 눈에 12

제2과 역사의 시작 24

제3과 아담에서 아브라함까지 38

제4과 모세: 유월절과 출애굽 46

제5과 율법과 은혜 58

제6과 구원과 용서 70

제7과 엘리야: 성령의 능력의 사람 80

제8과 예레미야: 고독한 예언자 90

제9과 성막의 영적 비밀 102

약속과 축복에 담긴 비밀 발견하기

하나님은 사람이 자기의 운명을 선택할 수 있도록 창조하셨다

역사 이래로 사람들은 생명의 창조주를 찾으며 끊임없이 질문을 해왔다. '나는 누구인가?' '나는 왜 존재 하는가?' '나는 어디에서 와서 어디로 가는가?'

창세기에 기록된 창조 이야기에서 하나님은 우리에게 그 해답을 주신다. 인류 탄생의 순간을 함께 상상해 보자. 하나님이 흙을 퍼내어 경이롭고도 새로운 형태로 조심스럽게 빚으신다. 그 빚어진 흙이 생명을 맞이하기 위해 조각가 앞에 놓여 있다. 만족스런 미소를 띠면서 창조주는 몸을 구푸려 움직이지 않는 그 형상에 깊이 숨을 불어 넣는다. 생명의 호흡이 폐를 채운다. 따뜻한 온기의 파도가 흙으로 빚어진 그 몸속에 깊이 스며들면서 힘을 불어 넣는다.

그가 더듬거리며 묻는다. "나는 누구인가요?"

그를 만드신 분이 미소 지으신다.

"너는 사람이고 이름은 아담이야. 내가 너를 최고의 창조물로 만들었단다."

아담이 몸을 일으킨다. "나를 왜 만드셨나요?"

"나와 교제하며 나의 영광을 드러내기 위해서란다!" 그 거룩하신 분이 대답해 주신다.

"앞으로 나는 무엇을 하게 되나요?"

"내가 네 갈비뼈로 네 반려자인 여자를 만들테니 너희는 하나가 되어 번성하여 땅을 채우고 내가 만든 모든 것들을 다스리게 될 것이다”

창조주는 피조물을 바라보시고 감탄하신다. “아주 좋구나!”

하나님의 탄성이 온 우주에 울려 퍼진다.

인간의 여정은 이렇게 시작되었다.

불순종을 선택하여 사망에 이르다

하나님은 사람에게 자신의 삶을 선택할 능력인 자유의지를 주시고, 그 안에 순종하는 능력과 규범도 주셨다. 아담은 하나님의 뜻을 아는 지식과 함께 순종의 복과 불순종의 형벌도 알고 있었다. 그런데 무슨 일이 벌어졌는가?

하나님께서는 하나의 규범으로 에덴동산에 선악을 알게 하는 나무를 두시고, “동산 각종 나무의 열매는 네가 임의로 먹되 선악을 알게 하는 나무의 열매는 먹지 말라 네가 먹는 날에는 반드시 죽으리라.”고 경고하셨다(창 2:16-17). 아담이 그 열매를 먹는다면 그는 선악을 알게 되고 순전함을 잃게 되고, 그 자신과 온 인류에게 죽음과 타락을 가져오게 된다.

당신은 사탄인 뱀이 어떻게 하와를 유혹하여 금지된 과일을 따먹게 하고 남편에게도 주었는지 알고 있을 것이다. 아담은 그의 행동이 가져올 결과를 알면서도 선악과를 먹기로 했다. 그 불순종의 행위로 인류는 순전함에서 “타락”하게 되었고, 그들을 사랑하시는 창조주로부터 분리되었다(창 3장). 그 영향으로 하나님이 계획하신 인류의 모든 것은 파괴되었다.

첫째, 타락으로 말미암아 사람에 대한 하나님의 계획이 파괴되므로 사람들은 하나님의 권위를 무시하고 하나님을 의존하지 않게 되었다. 인간이 그의 창조주로부터 독립한 순간, 인간과 하나님과의 영원한 유대관계는 깨어졌다.

둘째, 고통과 어려움과 슬픔이 생겼다. 여자는 해산의 고통을 겪어야 했다. 남자에게는 땅이 저주를 받아 경작하는 수고 없이는 더 이상 좋은 열매를 맺지 않게 되었다. 엉겅퀴와 가시들이 땅을 뒤덮었다. 그 결과로 그는 지치도록 육체적 노동을 해야만 살 수 있었다. 하나님의 동산에서 쫓겨난 인류는 저주 받고 황폐된 세계에서 미지의 운명을 맞게 되었다(창 3:16-19, 22-24).

셋째, 하나님과의 분리인 죽음으로 인해 사람은 영원히 영적 어둠에 갇히게 되었고 사탄의 왕국에 넘겨졌다. 하나님과 교제할 수 있는 능력은 하나님에 대한 두려움으로 바뀌게 되었고 죄에 대한 수치가 순전함의 즐거움을 빼앗아갔다(창 3:1-19; 롬 5:12; 요 3:19).

인류는 자유의지로 선악과를 따먹었던 순간에 영원한 생명의 씨앗을 잃어버렸다. 이제 영원히 사는 대신에 사는 날이 제한되었고 그의 운명은 파괴되었다. 전도서의 기자는 이러한 불행을 아래와 같이 날카롭게 묘사했다.

"내가 깨달은 것은 오직 이것이라 곧 하나님은 사람을 정직하게 지으셨으나 사람이 많은 꾀들을 낸 것이니라"(전 7:29).

"모든 사람의 결국은 일반이라 이것은 해 아래에서 행해지는 모든 일 중의 악한 것이니 곧 인생의 마음에는 악이 가득하여 그들의 평생에 미친 마음(madness)을 품고 있다가 후에는 죽은 자들에게로 돌아가는 것이라"(전 9:3).

불순종으로 인해 아담과 하와는 사람을 교활하게 유혹하는 사탄을 따라서 불신과 거짓의 터널로 들어갔다. 터널을 지나면서 그들과 그들의 후손인 모든 인류는 그들의 불순종의 비극적인 결과를 맞이하게 되었다. 그들은 더 이상 그들의 운명을 명쾌하게 볼 수 없었다. 기능 장애, 질병, 부패, 죽음과 같이 그들의 반항이 가져온 결과를 어디에서든지 볼 수 있게 되었다.

구약성경은 타락의 극적인 영향을 기록하고 있다. 인류의 죄악의 부패가 너무 빨리 진행되므로 하나님은 사람을 지으신 것을 후회하시고 몇 사람만 남기시고 모든 인류를 홍수로 멸망시켰다. 홍수 후 노아와 그의 가족으로 새로운 출발을 했지만 인류는 또 다시 깊은 어둠 속에 빠졌다.

구약성경의 마지막 책인 말라기는 불순종하는 사람들에게 하나님의 마지막 메시지를 전해 준다. 이에 반해 성경의 마지막 책인 요한계시록은 놀랍게도 악에 대한 예수 그리스도의 마지막 승리와 인류의 궁극적 회복을 전해 준다.

우리 모두는 왜 고통을 당해야 하는가?

사람들은 "한 사람 아담의 죄와 불순종 때문에 왜 모든 사람들이 고통을 겪어야 하는가?"라는 질문을 종종 한다. 그 이유는 아담이 온 시대를 통하여 인류를 대표하기 때문이다.

현대사에서 우리는 히틀러나 스탈린 같은 잔인한 독재자들의 출현을 많이 보았다. 악한 지도자들의 행위로 그 나라와 심지어 이웃 나라의 많은 사람들이 상처받고 죽음을 당했다. 이와 같이 아담의 죄는 그가 대표하는 인류에게 죽음과 부패를 가져왔다. 이 땅에 태어난 모든 사람들은 아담의 의지적인 불순종 때문에 고통을 당한다. 전도서 기자는 '모든 사람의 끝은 죽음이다. 산 자는 이것을 그의 마음에 둘지어다.'라고 말했다(전 7:2).

인류의 첫 부모는 자신의 뜻을 하나님의 뜻보다 더 중요하게 여기는 죄를 지었다. 이것은 하나님께서 정하신 한계를 의도적으로 넘어선 것이며, 살아계신 하나님의 말씀을 하나님을 대적하는 자의 거짓말과 바꾼 것이다. 그 이후 태어난 모든 인류는 자신의 길로 가려는 성향을 물려받았다. 이것을 '죄성'이라고 한다. 사람의 자유의지의 특징은 하나님께 대한 적극적인 반항과 소극적인 무관심이라고 할 수 있다(시 106:39, 43; 사 24:20). 죄로 인해 사람은 천성적으로 타락하고 부패했다. 그의 지식이 어두워지고 양심이 더러워져 그의 생각과 감정이 세속적이고 감각적이며 악으로 가득하다(엡 4:18; 고전 3:3; 전 9:3).

인간은 하나님의 사랑과 용서를 받을 자격이 없다. 인간은 거룩한 것에 적대적이며 끊임없이 타락하려는 본성을 갖고 있으며 스스로 벗어날 수 없는 것에 매여 있다(롬 8:7; 7:18, 23-24).

하나님의 놀라운 계획

죄의 본성으로 가득한 상태의 인간이 어떻게 그의 창조주와 다시 연합하고 교제를 회복할 수 있을까? 인간은 그의 죄를 해결하고 구원받아야 한다. 그러나 누가 그를 구속할 수 있는가?

하나님은 놀라운 계획을 가지고 계셨다. 그것은 타락 이후에 생각하신 것이 아니라 사람을 창조하기 전부터 품으셨던 영광스러운 일이었다(엡 1:3-14). 그 계획은 하나님의 무조건적인 사랑과 완전한 공의를 포함하고 있었다.

사람은 스스로를 구속할 수 없다. 오직 죄 없는 분만이 하나님의 공의를 만족시킬 수 있다. 사람을 구속하려면 사람을 대신하는 자리에 설 수 있는 사람이어야 하고, 죄인을 위해 죽을 수 있도록 죄가 없어야 한다. 그러한 구속자는 인류로부터 나올 수 없어서 하나님으로부터 와야만 했다.

이러한 목적을 만족시키기 위하여 성령으로 잉태되어 처녀에게서 나신 하나님이신 예수 그리스도는 대속물로 자신을 주셨다.

구약시대의 동물 제사는 이것을 상징했다. 이스라엘 사람들은 죄를 임시적으로 용서받기 위해 흠 없는 양, 비둘기, 소 같은 동물을 제물로 제사장에게 가져왔다. 제사장이 그 동물의 피를 제단에 뿌렸다. 이 제사는 하나님의 유일하고 특별한 "어린 양"을 보내실 것에 대한 그림자이며, 그의 피는 사람의 죄를 임시적으로 용서해 주는 것이 아니라, 영원히 씻어주는 것이다.

이러한 구약 제사가 예수 그리스도의 십자가에서 죽으시는 "한 영원한 제사"를 통해 온전히 성취되었음을 신약성경은 말하고 있다. 히브리서 저자는 시편 40:6-8의 말씀이 메시아에 대한 예언인데 예수님이 그대로 말씀하시고 행하셨다고 말한다.

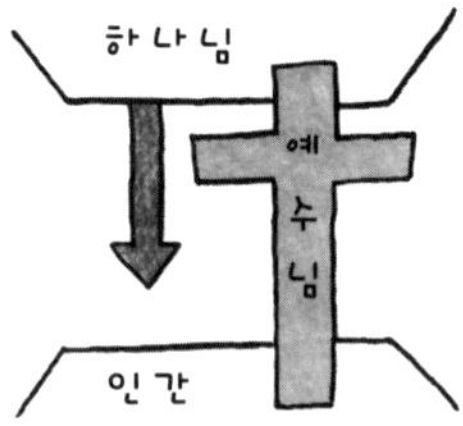

"그러므로 주께서 세상에 임하실 때에 이르시되 하나님이 제사와 예물을 원하지 아니하시고 오직 나를 위하여 한 몸을 예비하셨도다 번제와 속죄제는 기뻐하지 아니하시나니 이에 내가 말하기를 하나님이여 보시옵소서 두루마리 책에 나를 가리켜 기록된 것과 같이 하나님의 뜻을 행하러 왔나이다 하셨느니라" (히 10:5-7).

예수님은 이 세상에 오셔서 죄인들을 대신하여 죄의 형벌을 온전히 받으셨다 (사 53:5; 고전 15:3-4; 벧전 2:24; 3:18; 히 2:9; 롬 5:6-21). 그가 완전한 사람이셨고 하나님이셨기에 세상의 모든 죄를 위해 죽으실 수 있었다.

인간의 타락의 악순환과 이에 대한 혹독한 심판 가운데서도 하나님은 사랑과 긍휼로 우리에게 회복의 길을 열어 주셨다.

인간의 타락과 회복을 위한 하나님의 계획이 구약성경에 기록되어 있다. 끊임없는 타락과 구원의 역사가 분리할 수 없게 엮여 있는 구속의 이야기는 하나님의 놀라운 사랑과 은혜를 명백하게 보여 준다. 뱀에 대한 심판, 아벨의 제사, 아브라함의 믿음과 순종, 모세의 지도력, 히브리 민족의 탄생, 예언자들의 목소리에서 우리는 인류를 향해 부르시는 하나님의 사랑을 분명하게 볼 수 있다.

구약성경 전체를 통하여 하나님의 성품이 죄의 비극적인 결과와 대조되어 있다. 그분은 우리의 창조주, 주관자, 심판자, 구속자이다. 그렇기 때문에 우리는 담대할 수 있다. 이 세상이 아무리 어두워진다 해도 우리가 하나님을 신뢰하고 순종한다면 하나님은 계획을 갖고 계시고 우리를 그 계획 속에 포함시키신다.

구약성경을 많이 공부하면 할수록 하나님의 놀라운 계획을 더 잘 이해할 것이다. 구약성경에 관한 다양한 책들을 많이 활용해서 구약성경의 사건들과 진리들을 더 깊이 연구하기를 권한다.

이 단계를 공부하는데 도움을 주기 위해 구약성경을 간단히 요약했다. 1과에서 이것을 함께 공부해보자.

제1과

구약성경을 한 눈에

구약성경 39권은 모세오경 5권, 역사서 12권, 시가서 5권, 선지서 17권으로 구성되어 있다. 모세오경은 세상의 기원과 이스라엘 국가의 시작을 기록하고 역사서들은 히브리 민족의 흥망성쇠를 기록하고 있다. 시가서는 대부분 그 민족의 번성기의 문학작품들이고, 선지서들은 그 민족의 어두운 시대의 문학작품들이다. 아래의 표를 살펴보자.

모세오경(5권)	역사서(12권)	시가서(5권)	선지서(17권)
창세기 출애굽기 레위기 민수기 신명기	여호수아, 사사기, 룻기, 사무엘상하, 열왕기상하, 역대상하, 에스라, 느헤미야, 에스더	욥기, 시편, 잠언, 전도서, 아가서	대선지서(5권): 이사야, 예레미아, 예레미아애가, 에스겔, 다니엘 소선지서(12권): 호세아, 요엘, 아모스, 오바댜, 요나, 미가, 나훔, 하박국, 스바냐, 학개, 스가랴, 말라기
세상의 기원과 이스라엘 국가 의 시작	히브리 민족의 흥망성쇠	민족의 번성기 문학작품들	민족의 암흑기의 문학작품들
구약을 모두 합하면 39권!			

1 모세오경

모세가 쓴 구약의 첫 다섯 권의 책을 모세 오경이라고 부르는데, "율법서"라고도 한다. 세상의 기원과 이스라엘 역사의 시작을 기록하고 있다. 창세기, 출애굽기, 레위기, 민수기, 신명기가 여기에 속한다.

창세기 – 시작-아브라함-구세주의 계획

창세기는 "시작의 책"이다. 세상의 창조와 사람의 기원을 설명할 뿐 아니라 죄의 시작과 결과 그리고 회복을 위한 하나님의 계획을 밝힌다.

또한 창세기는 하나님이 히브리 민족을 모든 민족의 축복의 통로로 만들기 위해 아브라함을 선택하신 것을 기록하고 있다. 여기에서 구속을 위한 하나님의 계획을 볼 수 있다. 구원은 믿음으로 받게 되며 세상의 구세주는 그의 택한 백성을 통해서 오실 것이다.

출애굽기 – 나감-율법-성막

출애굽기는 "나감"을 의미하는데, 하나님의 택한 백성들이 400년 동안 이집트에 속박되었다가 모세를 통해 기적적으로 구원 받은 것을 기록한 책이다. 노예 생활에서 해방되게 했던 열 번의 기적들, 영적 도덕적 생활을 위한 율법의 수여, 하나님의 영원한 임재를 위해 성막을 짓는 것을 자세히 기록하고 있다.

레위기 - 제사장법-거룩한 성결법

레위기는 히브리 민족의 예배를 인도하는 레위 제사장들이 집행했던 법의 체계를 기록한 책으로 이스라엘이 하나님과의 관계에서 실행해야 하는 규정들을 다룬다. 제사와 제사장의 성별, 정결 의식, 거룩함, 서원과 십일조에 대한 법률을 기록하고 있는 레위기는 성경의 어떤 책보다 '거룩함'이 가장 많이 언급된다.

민수기 - 인구조사-광야

민수기는 히브리 백성들의 수를 파악하는 내용으로, 장정만 60만명 정도 되었다. 그들은 야곱의 아들들에 따라 12지파로 나뉘었으며 광야에서의 생활과 여정을 위해 특별한 임무들을 수행했다.

민수기는 하나님이 이방인들을 내어 쫓으시고 "약속의 땅"에 들어가게 하실 것을 이스라엘 백성이 의심했기 때문에 40년 동안 광야에서 방황하게 되었던 이야기를 기록하고 있다.

신명기 - 새 세대에게 주는 권면-고별설교-복을 택하라

광야에서 방황하는 40년 동안에 출애굽 세대들은 거의 다 죽고 새로운 세대들이 백성을 이루었다. 출애굽 세대의 단 두 사람, 여호수아와 갈렙 그리고 새 세대들만 하나님께서 주시기로 약속하신 땅에 들어갈 수 있었다.

신약성경에 자주 인용되는 책들 중의 하나인 신명기는 이 새로운 세대들에게 하나님이 광야에서 행하셨던 일을 상기시키고 그분의 약속의 말씀을 다시 한 번 반복하여 전달하면서 하나님께 헌신할 것을 권하는 모세의 고별 설교이다.

하나님께 순종하면 복을 누릴 것이고 불순종하면 심한 재앙으로 고통을 당하게 될 것이라고 모세는 이스라엘 백성에게 말했다. 백성들은 순종하여 복을 누리든지 아니면 불순종하여 심한 재앙으로 고통을 당하든지 선택을 해야 했다.

2 역사서

이스라엘 나라의 흥망성쇠에 대해 말한다. 역사서는 여호수아서, 사사기, 룻기, 사무엘상하, 열왕기상하, 역대상하, 에스라, 느헤미야와 에스더가 포함된다.

여호수아 – 정복–정착

'여호수아'는 "여호와는 구원이시다"라는 의미이다. 이 책은 요단강을 건넘, 여리고성 함락, 그리고 하나님께서 약속하신 가나안 땅의 정복을 다루고 있다. 또한 가나안 땅에 12지파들이 어떻게 정착했는지를 설명한다. 하나님은 다른 신들을 예배하는 것을 용납하지 않으시는 거룩하고 질투하시는 하나님이시다.

사사기 – 우상숭배–실패

사사기는 "모든 사람이 자기 소견에 옳은 대로 행하더라."라는 주제에 초점을 맞춘다. 이스라엘에는 왕도 정치제도도 없었다. 이는 하나님이 왕이시기 때문이다. 그러나 백성들은 그 땅에서 하나님을 섬기며 사는 일에 실패했다. 그들 대부분은 이방인들의 우상을 섬기기 시작했고 결국 이방인들의 압제를 받게 되었다.

사사기에서는 죄에 대한 하나님의 심판이 확실할 뿐 아니라 회개하는 자들을 회복시키시는 것도 확실함을 보게 된다.

룻기 – 충성–인애

책의 주인공의 이름을 딴 룻기는 한 여인의 사랑과 신실함에 대한 이야기이다. 이 책의 목적은 다음의 세 가지이다. 1) 배교의 시대(국가적인 불신과 불순종)에도 하나님을 섬기는 사람들이 있었다는 것을 보여 준다. 2) 메시아 혈통이 세워짐을 보여 준다. 3) 구속의 원리를 예시한다.

룻기는 하나님께 충성스러우며 다른 사람들에게 자비로운 사람들을 하나님이 어떻게 인도하시며 도우시는지를 보여 준다. 룻기의 주제는 신실함, 인애, 친절, 순전함, 보호와 축복이다.

사무엘상 - 사무엘-사울-다윗

마지막 사사인 사무엘의 역사를 보여 준다. 또한 첫 번째 왕인 사울의 왕국 설립, 사울의 실패, 그리고 왕으로서 다윗을 선택하고 준비하심을 기록하고 있다.

사무엘하 - 다윗의 언약

하나님이 세우신 왕, 다윗이 등극함으로 질서가 회복되는 것을 보여 준다. 하나님은 다윗과 메시아의 영원한 나라를 세울 것이라는 언약을 다윗과 맺으셨다. 이 책은 하나님의 마음에 합한 사람인 다윗의 특성들을 묘사함과 동시에 숨겨진 결점을 드러내며 죄의 결과를 보여 준다.

열왕기상 - 솔로몬-분열왕국

솔로몬의 통치, 성전 건축, 르호보암과 여로보암 때의 이스라엘 왕국의 분열을 소개한다. 르호보암은 예루살렘에서 남 유다 왕국을, 여로보암은 사마리아에서 북 이스라엘 왕국을 통치했다.

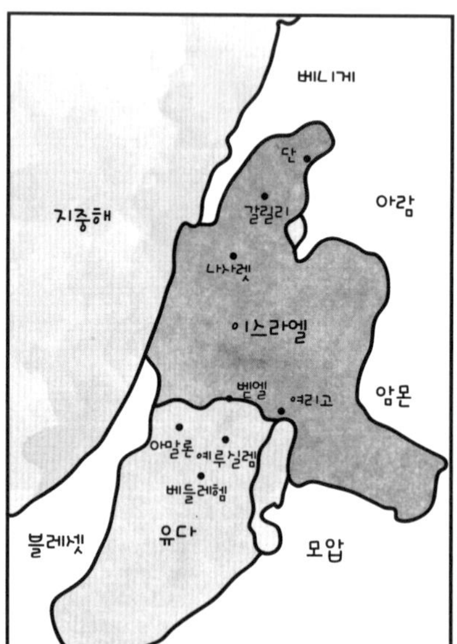

열왕기하 – 왕국의 멸망

두 왕국의 이야기와 마지막에 포로로 잡혀간 것에 대해 이야기하고 있다. 북 이스라엘이 먼저 앗시리아에게 정복되어 포로로 잡혀갔고, 그 후에 남 유다는 바벨론에게 정복되어 포로로 잡혀갔다.

이 책은 하나님이 참으시지만 때로는 기한이 있고 순종하지 않는 모든 사람들에게 어떤 일이 일어나는지 보여 준다.

역대상 – 참된 예배

다윗 왕조의 정통성을 밝히고 참된 예배가 개인의 삶과 국가의 중심에 있어야 한다는 것을 가르치고 있다.

역대하 – 성전건축–참된 예배

솔로몬, 르호보암, 여로보암 그리고 그 뒤를 잇는 유다 왕들의 통치를 되돌아보고 있다. 악한 왕들의 죄악들을 드러내고 이 왕들을 심판하는 하나님의 기준을 보여 준다. 또한 이 책은 여호와에 대한 진정한 예배를 중심으로 그 나라가 하나로 연합되는 것을 추구하고 있다. 그리고 예루살렘 성전 건축에 대한 상세한 기록을 포함하고 있다.

에스라 – 귀환–성전 재건

포로 귀환 후 유대인의 남은 자들의 예루살렘 귀환, 율법과 종교 의식의 회복 그리고 성전 재건축에 대한 이야기이다.

이 책은 이스라엘 백성들을 회복시키겠다는 약속을 지키시는 하나님의 신실함을 보여 주고 있다. 또한 이것은 믿음의 시련을 받고 회복되는 극적인 이야기이다.

느헤미야 – 성벽 재건

느헤미야는 포로들을 인도하여 예루살렘 성벽을 재건하고 도시의 행정을 회복한다. 이 책은 예루살렘 성벽의 재건축에 대한 스가랴와 다니엘의 예언 성취를 기록하고 있다.

에스더 – 유대인의 구원

에스더는 페르시아의 왕비가 되었던 유대 여인이다. 포로 귀환 명령 후에 남은 자들이 예루살렘으로 돌아왔지만 많은 백성들은 여전히 페르시아에 남아있었다. 이 책은 하나님의 섭리를 통해 왕비가 된 에스더가 페르시아 통치 아래 있었던 유대 민족을 대학살의 위험으로부터 어떻게 지켰는지에 대한 이야기이다. 에스더의 이야기는 하나님의 주권과 자기 백성들을 돌보시는 사랑을 보여 준다.

3 시가서

시가서는 세상 속에서의 하나님 백성들의 다양한 삶의 경험을 자세히 말해 준다. 욥기, 시편, 잠언, 전도서, 아가서 다섯 권의 책이 포함된다.

욥기 – 의인의 고난

극적인 시의 형태로 기록된 문학적 걸작으로 꼽힌다. 구약에서 가장 오래된 책인 욥기는 '왜 의인이 고난을 받는가?'라는 질문을 던진다. 이 책은 하나님의 절대주권과 참된 믿음의 의미를 예시하며, 고난과 사탄의 공격 가운데서도 하나님의 선하심과 신실하심을 믿을 수 있음을 보여 준다.

시편 – 경배와 찬양

시편은 하나님께 대한 경배와 믿음의 고백을 표현한다. 시편의 중요한 주제들은 찬양, 하나님의 능력, 용서, 감사, 신뢰, 메시아, 여호와, 율법, 창조, 이스라엘의 미래 그리고 고난과 역경 가운데 마음을 새롭게 하심이다. 히브리 찬송가인 시편은 개인 예배와 공적 예배에서 사용되었다.

잠언 – 지혜

삶에 대한 지혜로운 교훈들을 모아 놓은 잠언은 참된 지혜와 하나님을 경외함을 특별히 강조하고 있으며 지혜, 인간관계, 언어생활, 일과 성공 등의 주제에 대해 다루고 있다. 잠언은 하나님의 백성들에게 도덕적 교훈을 주며 하나님의 지혜를 일상생활 가운데 적용하도록 가르친다.

전도서 – 인간 삶의 허무함

전도서는 인간의 삶, 특히 하나님 없는 삶의 허무함에 대해 논증한 책이다. 자신의 인생을 뒤돌아보며 하나님과의 관계보다 오로지 자기만족을 추구하며 살았던 삶의 허무함에 대해 고백한다. 나아가 그는 하나님을 떠난 인간적 성취가 죽음 앞에서는 아무것도 아니라는 것을 분명하게 드러내고 있다.

아가서 – 사랑

신랑과 신부의 사랑 이야기는 결혼의 신성함을 확인시켜 주고, 자기 백성들을 향한 하나님의 사랑을 상징한다. 이 책은 사랑과 헌신의 아름다움과 능력을 묘사하고 있다.

4 선지서

선지자들은 배교의 시대에 하나님께서 세우신 사람들이다. 그들은 주로 하나님을 대신해서 백성들의 양심과 마음에 호소하는 영적 각성자들이며 애국자들이었다.

선지자들의 메시지는 두 가지 성격을 가진다. 하나는 당시의 상황과 선지자 자신의 시대를 위한 것이었으며, 다른 하나는 미래를 향한 하나님의 목적을 예언하는 것이었다.

선지서는 책의 분량에 따라 대선지서와 소선지서로 나누어진다. 대선지서는 이사야, 예레미야, 예레미야 애가, 에스겔과 다니엘을 포함하고, 소선지서는 호세아, 요엘, 아모스, 오바댜, 요나, 미가, 나훔, 하박국, 스바냐, 학개, 스가랴, 말라기의 열두 권을 포함한다.

이사야 – 심판-구원

이사야는 “구약 선지자의 왕”으로 여겨진다. 그는 이스라엘 백성이 세계 속에서 메시아 왕국이 되어야 한다는 생각에 사로잡혀 있었다. 그는 하나님께서 남 유다와 열방의 죄악에 대해서 반드시 심판하시지만 또한 하나님 말씀에 순종하는 경건한 ‘남은 자’들을 구원하실 것임을 예언하면서 회개하라고 외쳤다. 나아가 메시아를 통한 영원한 구원과 완성된 하나님 나라의 영광을 보여준다. 주제는 거룩함, 징벌, 구원, 희망 그리고 자기 백성을 구하러 오신 메시아이다.

예레미야 – 멸망-회개

예레미야의 사역은 유다 왕국의 마지막 40년, 즉 예루살렘의 멸망과 예루살렘 주민들이 바벨론으로 추방당하는 것까지 확장된다. 이 책은 바벨론 포로로 잡혀가는 결과를 피하기 위해서 유다 백성에게 우상숭배와 배교를 버리라고 준엄하게 경고하는 메시지를 담고 있다. 그리고 하나님의 백성들을 새로운 미래와 새로운 언약으로 인도하게 될 메시아의 오심을 예언했다.

예레미야 애가 – 애도

예레미야가 기록했고, 바벨론 포로로 잡혀가던 때에 예루살렘의 멸망을 슬퍼하는 다섯 개의 시로 구성되어 있다. 이 책은 죄의 결과, 심판 중에 보이시는 하나님의 자비를 말하며 보다 나은 날들에 대한 소망을 보여 준다.

에스겔 – 회복

에스겔은 바벨론 포로 기간에 예언했다. 그의 사명은 그의 백성을 바벨론 포로로 잡혀가도록 허용하신 하나님은 의로우시며 결국에는 그 백성을 회복시키리라는 것을 이스라엘 사람들에게 상기시키는 것이었다.

다니엘 – 종말의 예언

다니엘은 바벨론 포로 기간에 예언했다. 이 책은 신약의 예언과 뗄 수 없는 관계를 갖는다. 이 책은 세상 나라의 통치가 마지막에 멸망을 당하고, 메시아 왕국이 설립되는 과정을 그리고 있다. 주제는 교회의 배도, 대 환란, 그리스도의 재림, 부활과 심판이다.

호세아 – 변함없는 사랑

호세아는 남 왕국 유다에서 이사야가 예언하고 있던 시대에 북 왕국 이스라엘의 선지자로 사역했다. 이 책은 이스라엘을 향한 하나님의 변함없는 사랑에 대한 예언이다. 그는 이스라엘을 음탕한 여인으로 묘사하며 잠시 버림받게 되지만, 결국 정결한 모습으로 회복될 것을 예언한다.

요엘 – 심판의 날

남 왕국의 선지자 요엘은 다가오는 심판을 바라보며 회개할 것을 경고했다. 또한 그는 다가오는 구원과 하나님 나라의 원수들의 멸망을 포함한 하나님의 약속들을 믿도록 백성들 중 신실한 자들을 격려했다.

아모스 – 도덕적 타락

양치는 목자이며 뽕나무 재배자였던 아모스는 북 왕국 이스라엘의 전성기 때에 예언했다. 그는 그 시대 강력한 예언자 중의 한 사람으로, 이스라엘의 사치스런 생활과 우상숭배 그리고 도덕적 타락에 대해 불같이 고발하고 있다. 특히 이스라엘의 탐욕과 가난한 자를 압제하고 착취한 것에 대해 심판을 선언했다.

오바댜 – 에돔의 멸망

이 책은 유다인들이 어려움을 당할 때 기뻐할 뿐 아니라 유다의 시골지역을 약탈하면서 그들을 끊임없이 괴롭혔던 에돔 사람들을 고발한다. 에돔 사람들은 하나님의 심판을 피하지 못하게 될 것이다. 저주의 애가 형식으로 기록된 이 책은 하나님의 자녀를 해치는 자들을 하나님께서 보응하심을 보여 준다.

요나 – 불순종한 선지자–하나님의 긍휼

하나님은 요나를 불러서 앗시리아 제국의 수도 니느웨에 가서 선포하라고 하셨다. 이 책은 하나님의 택한 백성을 넘어서 모든 사람들이 하나님의 은혜를 받게 될 것을 가르쳐 준다.

예수님은 그의 죽음과 부활에 대한 예표로 요나의 경험을 언급하셨다(마 12:38–41). 이 책은 죄를 회개하고 하나님께로 돌아오는 사람들에게 미치는 하나님의 사랑과 긍휼의 큰 그림을 제공한다.

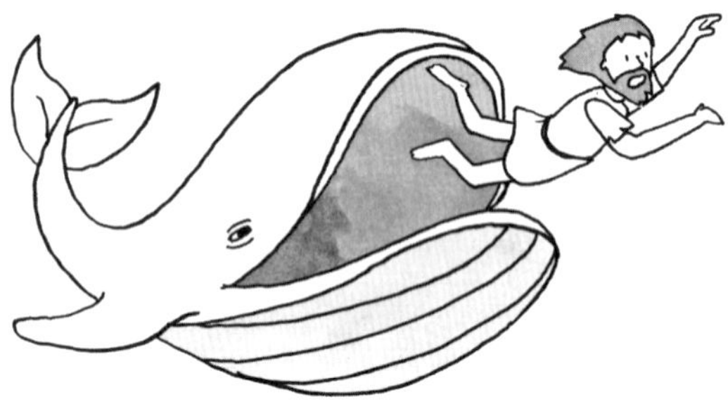

미가 – 공의

미가서는 이스라엘과 유다 모두에게 전하는 메시지로, 그들의 죄를 강조하고 멸망을 경고하였으며 회개하는 모든 자들을 용서해주신다는 것을 전했다. 메시아의 오심을 예언했다.

나훔 – 니느웨의 심판

니느웨에 대한 심판의 메시지에서 나훔은 그 도시의 멸망을 예언했다. 요나의 메시지가 긍휼이었다면 나훔의 메시지는 파멸이다. 요나와 나훔 선지자는 모두 하나님이 열방들에게 은혜를 베푸시지만 계속되는 죄에 대해서는 심판하신다는 것을 보여 준다.

하박국 – 멸망–찬양

하박국은 이스라엘이 심판을 피하는 것보다 여호와의 거룩하심이 입증되는 것에 더

많은 관심을 보인다. 하박국은 바벨론 포로 바로 전에 기록되었다. 그의 목적은 세상에 악이 현존하고 있다 해도 하나님께서 여전히 다스리고 계신다는 것을 보여 주는 것이다.

스바냐 - 여호와의 날

스바냐는 바벨론 포로 직전에 예언했다. 유다가 여호와를 버렸고 의로운 삶을 살라는 하나님의 명령에 무관심했기 때문에 심판의 날이 가까이 왔다. 스바냐는 이스라엘이 포로로 잡혀갈 것과 결국 민족들이 심판받게 될 것을 예언했다. 또한 그는 하나님께서 자기 백성을 정결하게 하시며 회복시키고 소망을 주실 것을 예언했다.

학개 - 성전 건축

학개는 70년의 포로 생활 후 예루살렘으로 돌아온 유대인의 남은 자들에게 예언했다. 하나님께서 백성들에게 성전 건축을 마무리할 것을 말씀하셨지만 그들은 자신의 집을 짓는 것에 더 관심을 가졌다. 15년 후에도 성전은 방치되어 있었다. 학개는 백성들에게 우선순위를 바르게 하고 성전 건축을 마무리 하라고 독려했다. 사람들이 마무리 공사를 하고 있을 때 학개는 하나님의 임재와 최후 승리를 그들에게 확신시켜 주었다.

스가랴 - 메시아적 예언

스가랴 선지자도 70년의 포로 생활 후 예루살렘으로 돌아온 남은 자들에게 예언했다. 그의 책은 모든 소선지서들 중에 가장 묵시적이고 메시아적이다. 그의 많은 메시지가 메시아의 초림과 재림을 다루고 있다.

말라기 - 무너진 공동체-하나님과의 관계 회복

말라기는 회복된 남은 자들에게 보내심을 받은 마지막 선지자였다. 그도 메시아의 초림과 재림을 예언했다. 학개와 스가랴가 백성들이 성전 재건을 하지 않는 것을 책망한 반면, 말라기는 그들이 성전을 무시하는 것과 거짓되고 모욕적인 예배를 드리는 것에 대해 책망했다. 그는 제사장들과 백성들의 죄를 정죄했지만 그들이 하나님을 무시하고 불순종할 때에라도 하나님께서 끝없이 사랑하신다는 것을 확신시켜 주었다.

제2과

역사의 시작

학 습 목 표 : 창세기가 오늘날 우리에게 어떤 의미를 갖는지 살펴보고자 한다.

창세기는 인류의 기원과 타락과 구원을 위한 하나님의 해결책에 대해 생생하게 묘사한다. 성경은 하나님의 영감으로 기록된 말씀이므로 우리는 창세기의 모든 것을 다 정확한 것으로 믿을 수 있다.

사람은 하나님과 교제를 갖도록 창조되었지만, 그가 자기 의지로 자신이 원하는 길을 선택함으로 그 교제는 깨어지고 말았다. 이것이 성경이 말하는 죄이다.

아담의 타락으로 모든 인류는 죄성을 물려받게 되었다. 사도 바울은 "한 사람으로 말미암아 죄가 세상에 들어오고 죄로 말미암아 사망이 왔나니 이와 같이 모든 사람이 죄를 지었으므로 사망이 모든 사람에게 이르렀느니라."고 기록하고 있다(롬 5:12).

아담의 타락은 그 후에 태어나는 모든 사람들의 무대인 인류 역사에서 일어난 첫 범죄행위였다. 죄가 없었더라면 구속과 구속의 길을 알려 주는 성경도 필요하지 않았을 것이다. 이 과는 사람의 기원, 그리고 죄의 기원과 타락의 결과에 초점을 맞춘다.

창세기를 공부할 때 최초의 역사적인 사건들을 오늘날의 세계의 상황과 그것이 현재 당신에게 끼치는 영향과 관련시켜 보라.

1 인류의 기원

1) 이 세상이 어떻게 시작되었는가? (창세기 1장)

2) 창조 후 세상과 그 안에 있는 모든 것들의 상태는 어떠했는가? (창 1:10, 12, 18, 21, 25)

3) 첫 사람은 세상에 어떻게 존재하게 되었는가? (창 1:27)

4) 첫 사람은 지성적인 존재였는가? 그것을 어떻게 알 수 있는가? (창 2:20)

5) 여자는 처음에 어떻게 존재하게 되었는가? (창 2:21-22)

창세기 1:26은 하나님이 인간을 하나님의 형상대로 만드셨다고 말한다. 하나님의 형상이란 무엇인가?

하나님의 형상은 인간이 다른 피조물과 구별되는 독특성에서 찾아볼 수 있다(창 9:6; 고전 11:7; 약 3:9). 인간이 다른 피조물과 다른 점은 선천적인 도덕성, 이성, 영성, 영원을 추구함, 다른 피조물을 지배하는 능력 등을 가진 것이다.

(창세기 2:7에서 하나님은 인간의 코에 생기를 불어 넣어 인간이 영적 존재가 되게 하셨다.)

하나님이 인간을 하나님의 형상으로 창조하실 때 인간은 원래 선함, 진정한 지식, 의와 거룩함(창 1:31; 전 7:29) 등을 가지고 있었다. 그런데 인간이 이 모든 것들을 죄 때문에 잃어버렸지만, 그리스도 안에서 점차 성화되어 가면서 다시 원래의 모습으로 회복되어간다. [예: 참 지식(골 3:10)과 의와 거룩함(엡 4:24) 등]

미래에 구속 받은 자들은 온전한 몸을 갖게 될 것이다(빌 3:21; 요일 3:2). 죽지 않고 영원함은 영혼에 해당한다. 육체의 죽음은 죄로 인하여 왔다(롬 5:12; 6:23; 고전 15:20-21). 그리스도인들은 그리스도의 형상을 따라 썩지 않을 몸을 입을 날을 고대한다.

2 죄의 기원

1) 하나님께서 인간에게 맡기신 일은 무엇인가? (창 1:28-30)

이때에 하나님과 사람과의 관계는 어떠했는가? (창 1:28상)

2) 사탄이 하와를 만나기 위해 뱀의 형태로 나타났을 때 그의 인격적 특성을 어떻게 묘사할 수 있는가? (창 3:1-5)

사탄이 당신에게 다가올 때 이와 같은 특성을 어떻게 사용한다고 생각하는가?

3) 사탄은 무엇에 대해 의문을 제기했는가? (창 3:1)

하와는 진리에 맞게 대답했는가? (참고, 창 3:2-3; 2:17)

4) 하와가 받은 유혹을 요한일서 2:16에 비추어서 분석하고 유혹의 세 가지 요소를 적어 보라. (창 3:6)

요한일서 2:16 이는 세상에 있는 모든 것이 육신의 정욕과 안목의 정욕과 이생의 자랑이니 다 아버지께로부터 온 것이 아니요 세상으로부터 온 것이라

창세기 3:6 여자가 그 나무를 본즉 먹음직도 하고 보암직도 하고 지혜롭게 할 만큼 탐스럽기도 한 나무인지라 여자가 그 열매를 따먹고 자기와 함께 있는 남편에게도 주매 그도 먹은지라

(1)

(2)

(3)

5) 아담과 하와가 선악과를 따먹은 것은 왜 잘못인가? (창 2:16-17)

3 죄의 결과

1) 아담과 하와가 죄를 지은 결과는 어떠했는가? (창 3:7-8)

2) 각자에게 주어진 죄의 형벌은 무엇인가? (창 3:14-19)

뱀 :

여자 :

남자 :

3) 사탄에 대해서는 하나님이 어떤 약속을 하셨는가? (창 3:15)

4) "여인의 후손"은 그리스도께서 인간의 아버지 없이 한 처녀에게서 성령으로 잉태되어 이 세상에 오게 된 것을 성경이 설명하는 방법이다. (마 1:18-23을 비교해 보라.) 이에 비추어 그리스도의 초림과 재림 그리고 이 구절의 상관관계를 살펴보라.

그리스도의 초림 :

그리스도의 재림 :

우리는 창세기를 통해 창세 이후 인간 역사에 영향을 주어 온 중대하고도 영적인 사건들을 살펴보았다. 하나님은 창조주이며 전지전능하신 만물의 통치자이다. 인간은 단지 원형질에 불과한 존재가 아니라 하나님의 특별한 피조물이다. 이런 사실은 창조주 하나님에 대한 우리의 책임을 인식시켜 준다. 창조주 하나님을 부인하는 사람은 허무하며 목적 없는 삶을 살 수밖에 없다.

[보충자료] 창세기 1장-3장의 교리들

1:1-31	하나님의 천지 창조	2:16-17	자유의지
2:18-25	부부의 하나 됨(결혼)	3:1	사탄(계 12:9; 20:2)
3:6-7	죄	3:8, 10, 12-13	죄성(롬 5:12)
3:15	사탄이 하나님의 백성을 핍박함, 그리스도를 통한 구원, 동정녀 탄생		
3:16-19	죽음과 고난과 고통		

[보충자료] 창세기 개요

1. 태초의 역사(1-11:9)
   1) 창조의 송가 1:1-2:3.
   2) 하늘과 땅에 대한 기사 2:4-4:26.
   3) 아담의 계보 5:1-6:8.
   4) 노아의 계보 6:9-9:28.
   5) 노아의 자손들의 계보 10:1-11:9.

2. 하나님의 백성의 역사(11:10-50:26)
   1) 셈의 계보 11:10-26.
   2) 데라의 계보(아브라함) 11:27-25:11
   3) 이스마엘의 계보 25:12-18.
   4) 이삭의 계보 25:19-35:29.
   5) 에서의 계보 36:1-43.
   6) 야곱의 계보 37:2-50:26.

결혼의 신성함

결혼의 신성함이 창세기 2장 18절, 21-25절에 잘 나와 있다. 다음의 글이 여자가 남자의 '돕는 배필'이 됨에 대해 잘 설명해 준다. "하나님께서 여자를 남자의 발에서 취하지 않은 이유는, 여자가 남자에게 짓밟히거나 노예처럼 취급되지 않아야 하기 때문이며, 머리에서 취하지 않은 이유는 여자가 남자 위에 군림하지 못하도록 하기 위함이다. 옆구리에서 취한 이유는 여자가 남자의 동료임을 보여 준다. 옆구리 즉, 팔 아래쪽에서 취한 것은 여자가 남자의 보호를 받아야 하는 존재임을 가르쳐주며, 심장 가까이에서 취한 이유는 여자가 남자의 사랑과 애정을 받아야 하는 존재임을 나타낸다."-존슨(S. L. Johnson), Bibliotheca Sacra. V. 121. 4월-6월 (1964), p.110.

사탄이 하는 일

사탄에 대해서는 휘튼대학원장을 지냈던 티슨(H. C. Thiessen)박사가 간결하게 말해 준다. "사탄을 가리키는 표현들은 사탄의 특성과 하는 일들을 잘 말해 준다. 즉 사탄은 훼방하는 자로서 중상하고 비난하며, 유혹하는 자로서 사람이 죄를 짓도록 유혹한다."

성경은 사탄이 하는 일의 특징을 말해 준다. 일반적으로 사탄의 목적은 이사야 14:14에 표현되어 있는 것과 같다. "… 지극히 높은 이와 같아지리라." 사탄은 하나님처럼 높아지려는 자신의 목적을 성취하기 위해 아기 예수를 찾아 죽이려 했으며(마 2:16; 계 12:4), 그 노력이 실패로 돌아가자 자신을 섬기라고 예수를 시험하였다(눅 4:6-7).

사탄은 그의 목적을 이루기 위해 여러 가지 방법을 사용한다. 그는 하나님을 직접 대적할 수 없기 때문에 하나님이 지으신 최고의 피조물인 인간을 공격한다. 성경은 사탄이 다음과 같은 방법을 사용한다고 말한다.

(1) 거짓말	요 8:44; 고후 11:3
(2) 유혹	마 4:1
(3) 빼앗음	마 13:19
(4) 괴롭힘	고후 12:7; 욥 1장, 2장
(5) 방해함	슥 3:1; 살전 2:18; 엡 6:12
(6) 키로 밀 까불듯 함	눅 22:31 (사탄이 밀 까부르듯 제멋대로 다룸)
(7) 가장함	고후 11:14-15; 마 13:25
(8) 질병으로 괴롭힘	눅 13:16(참고, 고전 5:5)
(9) 참소함	계 12:9-10
(10) 사로잡음	요 13:27
(11) 죽이고 삼킴	요 8:44; 벧전 5:8

성도들은 사탄의 간사한 꾀를 잘 알아 넘어지지 말아야 한다(고후 2:11). 정신을 차리고 깨어 사탄을 대적해야 한다(벧전 5:8; 엡 4:27; 약 4:7). 사탄을 가볍게 여기지 말고(벧후 2:10; 유 1:8-9), 하나님의 전신갑주를 입고 대적해야 한다(엡 6:13).

-티슨 (H. C. Thiessen), Lecture in Systematic Theology (Grand Rapids: Eerdmans, 1956), pp. 210-211.

하나님의 약속하신 메시아

인간이 타락하자 이 세상은 저주를 받고 하나님과 원수가 되었다(롬 8:19-25). 그러나 하나님은 창세기에서부터 인간의 구원자를 약속해 주셨다(창 3:15). 이를 위해 하나님은 한 백성을 선택하여(창 12:1-3) 하나님의 아들 그리스도(메시아)가 태어나게 하셨다.

창세기 3:15에 나오는 "여인의 후손"은 사람을 대신해서 죄의 대가를 지불하게 될 구원자로서 그리스도를 가리킨다. 다음 도표에서 그리스도에 대한 예언과 성취를 살펴보라. 이 내용들은 구약 성경에 기록된 메시아의 오심을 예언한 내용으로 예수님의 생애, 사역, 죽음과 부활을 통해 성취된 300회 이상의 구약 예언 중 일부이다.

도표에 있는 약속과 약속의 성취에 관한 모든 구절들을 찾아 읽으라.

그리스도에 대한 예언과 성취

	약 속	성 취
1. 동정녀 탄생	창 3:15; 사 7:14	마 1:18-23
2. 이스라엘 민족에게서 나심	창 12:3; 민 24:17, 19	마 1:1-17
3. 다윗의 자손 유다 지파	창 49:10; 사 11:1, 10	눅 1:31-33
4. 베들레헴에서 나심	미 5:2	눅 2:4, 6-7
5. 오실 시기	단 9:24-26	갈 4:4
6. 이집트에서 유아기를 보내심	호 11:1	마 2:14-15
7. 수난과 속죄	사 53:4-6	고후 5:21
8. 승리의 입성	슥 9:9	마 21:2, 4-5
9. 십자가에 못 박히심	시 22편	마 27장
10. 부활	시 16:9-10	행 2:31-32

적용

1. 이 과에서 당신에게 가장 의미 있는 것은 무엇인가?

2. 아담과 하와의 죄는 오늘날 우리에게 어떠한 영향을 끼쳤는가? (롬 5:12)

3. 로마서 3:23과 6:23을 읽고 예수님의 죽음과 부활이 당신에게 무엇을 의미하는지 말해보라.

로마서 3:23 모든 사람이 죄를 범하였으매 하나님의 영광에 이르지 못하더니

로마서 6:23 죄의 삯은 사망이요 하나님의 은사는 그리스도 예수 우리 주 안에 있는 영생이니라

외울 말씀 로마서 5:12
그러므로 한 사람으로 말미암아 죄가 세상에 들어오고 죄로 말미암아 사망이 들어왔나니 이와 같이 모든 사람이 죄를 지었으므로 사망이 모든 사람에게 이르렀느니라.

읽을 말씀 창세기 1-3장

제3과

아담에서 아브라함까지

학 습 목 표 : 그리스도인 생활에서 순종의 중요성을 성경의 예를 통해 배운다.

아담의 타락은 사람과 하나님과의 관계에 영향을 끼쳤을 뿐 아니라 사람과 사람들 사이의 관계에도 불화를 가져왔다. 인간의 속성이 점점 악해지고 결국에는 형 가인이 동생 아벨을 살해하기에 이르렀다.

사람들이 하나님 없는 문명을 세워가기 시작하면서 세상에는 폭력과 죽음이 계속 되었다. 사람의 악함으로 하나님께서 인류를 만드신 것을 후회하셨다.

하나님은 홍수로 모든 피조물을 멸망시키기로 결정하셨지만, 그 중에 의인 노아와 그 가족을 선택하셔서 구원하셨다. 그러나 홍수 후에도 사람의 타고난 죄성으로 인해 인류는 다시 한 번 하나님을 배반하고 자신이 원하는 길로 가버렸다. 이번에는 사람들의 언어를 혼잡하게 하여 사람들의 교만을 처리하셨고 그들을 땅위에 흩으셨다.

그 가운데에서도 인류를 구속하기 원하시는 하나님의 마음을 아브라함, 이삭, 야곱, 요셉의 이야기에서 엿볼 수 있다. 하나님은 아브라함을 부르시고 구원의 약속을 세우셨다. 아브라함이 믿음과 사랑으로 하나님께 순종했기 때문에 하나님께서는 그를 통해 사람들에게 축복의 약속을 주실 수 있었다. 아브라함의 이야기는 약속과 관련하여 하나님께서 아브라함의 믿음을 어떻게 성장시켜 주시며 또 단련하시는지를 보여 준다.

아브라함과 이삭을 통하여 선택된 계보는 약속된 메시아 예수 그리스도까지 내려오며, 그는 축복과 구원의 약속을 성취하셨다. 창세기는 그리스도의 계보의 한 부분을 구성하고 있다. 그 계보에 포함된 사람들은 아브라함처럼 모두 믿음의 사람들이었다. 오늘날 믿음으로 예수님을 선택한 우리도 충성스러운 아브라함과 함께 그리스도의 계보의 한 부분이 된다(롬 4:16).

1 가인과 아벨

1) 창세기 4장에는 두 종류의 제사가 등장한다. 각각의 제사를 평가하라. 왜 하나님께서 어떤 한 제사는 받으시고 다른 제사는 받지 않으셨는가? (창 4:1-7)

창세기 4:7 네가 선을 행하면 어찌 낯을 들지 못하겠느냐 선을 행하지 아니하면 죄가 문에 엎드려 있느니라 죄가 너를 원하나 너는 죄를 다스릴지니라

2) 창세기 4:7이 의미하는 것은 무엇인가?

3) 히브리서 11:4을 읽으라. 하나님이 아벨의 제사를 받으신 근원적인 이유가 잘 나와 있다. 하나님의 가치관은 무엇인가?

히브리서 11:4 믿음으로 아벨은 가인보다 더 나은 제사를 하나님께 드림으로 의로운 자라 하시는 증거를 얻었으니 하나님이 그 예물에 대하여 증언하심이라 그가 죽었으나 그 믿음으로써 지금도 말하느니라

[보충자료]

가인과 아벨의 제사에 관한 참고 성구

가인 – 요한일서 3:12; 이사야 64:6; 에베소서 2:8–10; 디도서 3:5

아벨 – 히브리서 9:22; 11:4; 레위기 17:11

4) 오늘날의 상황 속에서 가인과 아벨이 드렸던 두 종류의 제사와 같은 예를 한 가지 이상 들어보라.

2 노아

1) 하나님께서 이 땅 위에 사람을 만드신 것을 후회한 것은 무엇 때문인가? (창 6:1-7)

2) 방주를 짓도록 노아가 하나님께 선택받은 이유는 무엇인가? (창 6:8-9)

3) 노아를 통해 하나님께서 이룩하신 것은 무엇인가? (창 6:17-22 또한 히 11:7을 읽으라.)

히브리서 11:7 믿음으로 노아는 아직 보이지 않는 일에 경고하심을 받아 경외함으로 방주를 준비하여 그 집을 구원하였으니 이로 말미암아 세상을 정죄하고 믿음을 따르는 의의 상속자가 되었느니라 노아는 주위의 많은 사람들의 조롱에도 불구하고 방주를 만드는 일에 하나님을 온전히 신뢰하고 끝까지 순종했다. 믿음 없는 행동은 큰 손해를 가져오나 순종은 영원한 복을 가져온다.

3 아브라함

1) 아브라함은 세계사에서 특수한 위치에 있다. 유대교, 이슬람교, 기독교, 3대 종교가 아브라함을 그들 신앙의 창시자라고 여긴다. 창세기 12:2-3; 16:15; 17:19에 의거해 볼 때, 3대 종교가 어떻게 각각의 기원을 아브라함에게서 찾는가?

창세기 12:2-3 2내가 너로 큰 민족을 이루고 네게 복을 주어 네 이름을 창대하게 하리니 너는 복이 될지라 3너를 축복하는 자에게는 내가 복을 내리고 너를 저주하는 자에게는 내가 저주하리니 땅의 모든 족속이 너로 말미암아 복을 얻을 것이라 하신지라

창세기 16:15 하갈이 아브람의 아들을 낳으매 아브람이 하갈이 낳은 그 아들을 이름하여 이스마엘이라 하였더라

창세기 17:19 하나님이 이르시되 아니라 네 아내 사라가 네게 아들을 낳으리니 너는 그 이름을 이삭이라 하라 내가 그와 내 언약을 세우리니 그의 후손에게 영원한 언약이 되리라

2) 하나님께서 아브라함에게 왜 아들을 번제로 드릴 것을 요구하셨는가? (창 22:1-2)

3) 창세기 22:8에 나오는 아브라함의 말을 통해 무엇을 배울 수 있는가?

창세기 22:8 아브라함이 이르되 내 아들아 번제할 어린 양은 하나님이 자기를 위하여 친히 준비하시리라 하고 두 사람이 함께 나아가서

4) 아브라함이 자신의 외아들을 기꺼이 희생하는 모습이 하나님이 우리를 사랑하신다는 것을 어떻게 상징적으로 보여 주는가?

"하나님은 사람이 아니시니 거짓말을 하지 않으시고 인생이 아니시니 후회가 없으시도다 어찌 그 말씀하신 바를 행하지 않으시며 하신 말씀을 실행하지 않으시랴"(민 23:19). 우리는 하나님의 약속을 신뢰할 수 있다.

우리의 영적인 문제들은 성경에 대한 우리의 잘못된 태도로 인해 일어난다. 하나님의 약속을 신뢰하지 않거나 그 약속들에 대해 무지하기 때문에 염려하고 걱정하게 된다. 또 하나님의 말씀을 생활의 한 부분으로 받아들이지 않기 때문이다.

적용

1. 이 과에서 당신에게 가장 의미 있는 것은 무엇인가?

2. 가인에 대한 하나님의 반응에서 배운 교훈은 무엇인가?

3. 당신은 노아와 함께 방주를 탔을 것이라 생각하는가? 왜 탔을 것이라고 생각하는가? 또는 왜 아닌가?

4. 아브라함에게 주신 창세기 12:3의 축복의 약속은 당신에게 어떻게 실현되었는가?

외울 말씀 로마서 4 : 20-21

믿음이 없어 하나님의 약속을 의심하지 않고 믿음으로 견고하여져서 하나님께 영광을 돌리며 약속하신 그것을 또한 능히 이루실 줄을 확신하였으니

읽을 말씀 창세기 4, 6, 7, 12, 22장

제4과

모세 : 유월절과 출애굽

학 습 목 표 : 주 안에 안식하며 믿음으로 생활하는 것을 배운다.

아브라함의 손자 야곱은 기근을 피하려고 그의 가족들을 데리고 그의 아들 요셉이 총리대신으로 있는 애굽으로 내려갔다. 400년 동안 그의 후손은 애굽 땅에서 크게 번성했다. 그 이후 세월이 흘러 요셉을 모르는 왕이 이스라엘 백성의 수가 많아지는 것을 염려하여 이스라엘 민족을 노예로 삼아 잔혹하게 다스렸다.

출애굽기 1-2장에는 이러한 상황의 전개와 모세의 출생 및 삶, 그리고 하나님께 구원을 부르짖는 백성들의 외침이 기록되어 있다. 하나님께서는 저들의 부르짖음을 들으시고 애굽에서 나가도록 모세를 보내셨다.

1 지도자 모세

1) 하나님께서는 왜 모세를 택하여 그의 백성을 인도하게 하셨는가? (히 11:23-29)

2) 출애굽기 3-4장을 읽으라.

(1) 하나님께서 모세에게 지시하시면서 백성들이 어떤 반응을 보일 것을 말씀하셨는가? (출 3:18)

(2) 이것은 곧 누구의 일이 성취되어지고 있음을 보여 주는가? (출 3:17, 20-21; 4:12)

(3) 출애굽기 4:13-15과 4:29-31을 비교하고 모세의 리더십에 대해 평가해 보라.

하나님을 신뢰한 결과 모세의 삶에 일어난 변화들을 유의해 보라.

모세의 일생은 하나님을 신뢰하면 복을 받는다는 사실을 보여 준다.

믿음을 가지기 전	믿음을 가진 후
많은 기회들이 주어졌으나 그 기회를 잃었다(출 2:11-15).	놀라운 업적들을 이루었다. 기적을 행하고, 이스라엘을 출애굽 시켰으며, 하나님께 율법을 받았고, 하나님의 대변자가 되었다.
40년간을 헛되이 보냈다(행 4:23, 30).	80세 이후에 비로소 위대한 역사적 믿음의 위인이 되었다.
비겁하게 도망했다(출 2:15).	당시 최대의 제국을 향해 도전했다.

그는 홀로 하나님의 약속을 신뢰하고 그 당시 최대의 권력자에게 도전했다. 하나님은 우리의 상상을 초월한 훨씬 더 큰일을 위해 우리를 부르신다.

히브리서 11장에 나오는 '신앙의 영웅들'은 자신의 타고난 재능이나 위대함 때문이 아니라 오직 하나님을 신뢰했기 때문에 위대한 삶을 살았다. 믿음이 없이는 하나님을 기쁘시게 할 수 없다(히 11:6).

2) 모세는 하나님의 부르심에 어떻게 반응했으며, 하나님은 모세의 반응들을 어떻게 다루셨는가? (출애굽기 4장)

위의 구절들에 따르면 하나님은 어떤 분이신가?

4) 출애굽기 4:1에서 모세는 "백성들이 나를 믿지 않으면 어떻게 합니까?" 라고 염려했다. 모세가 순종했을 때 백성들은 처음에 어떠한 반응을 보였는가? (31절)

하나님께서 모든 일을 얼마나 치밀하게 계획하셨는가! 하나님은 우리를 위해서 계획을 가지고 계신다. 그리고 우리가 하나님의 그 계획에 맞추어 살기를 권하신다.

모세가 하나님의 부르심에 불순종했다면 우리는 모세를 알지 못했을 것이다. 우리를 위한 하나님의 계획을 받아들일 때 우리는 승리자가 된다.

2 유월절

출애굽기 12장을 읽으라.

1) 하나님께서 왜 이 재앙을 내리셨는가? (12-14절)

2) 이스라엘 백성들에게 준 가장 중요한 지시사항은 무엇인가? (7, 13절)

3) 아래 구절들은 유월절의 양과 예수 그리스도 사이에 어떤 관계가 있다고 말하는가?

출애굽기 12:3; 요한복음 1:29

요한복음 1:29 이튿날 요한이 예수께서 자기에게 나아오심을 보고 이르되 보라 세상 죄를 지고 가는 하나님의 어린 양이로다

출애굽기 12:5-6; 이사야 53:7

이사야 53:7 그가 곤욕을 당하여 괴로울 때에도 그의 입을 열지 아니하였음이여 마치 도수장으로 끌려 가는 어린 양과 털 깎는 자 앞에서 잠잠한 양 같이 그의 입을 열지 아니하였도다

출애굽기 12:6; 고린도전서 5:7

고린도전서 5:7 너희는 누룩 없는 자인데 새 덩어리가 되기 위하여 묵은 누룩을 내버리라 우리의 유월절 양 곧 그리스도께서 희생되셨느니라

좌우 문설주와 인방에 바른 피는 무엇을 연상케 하는가? (출 12:7, 22-23)

4) 모세를 통해 주어진 지시를 불순종한 사람에게 어떤 일이 일어났겠는가?

이것이 우리에게 말해 주는 영적진리는 무엇인가?

5) 어떤 사람이 하나님께서 너무 편파적이라고 주장한다면 어떻게 답변하겠는가? (출 12:29)

이것이 그리스도를 영접하지 않은 사람들에게 어떻게 적용되겠는가?

유월절이 구원의 교리를 얼마나 정확하게 말해 주는지 각자의 말로 설명해보라.

> 구원은 예수 그리스도와의 관계를 통해 이루어진다.
>
> 구원을 받지 않았다면 누구나 죄인이다. 중간이란 없다. 선한 사람 또는 사회적 지위나 인격을 가진 사람도 예수 그리스도의 피(대신 죽으심)를 거부하면 죄인일 뿐이다.

3 출애굽("나감")

1) 이스라엘 역사상 가장 중요한 사건이 유월절 다음 날 일어났다. 무슨 일인가? (출 12:40-41)

2) 출애굽기 3:7-8과 요한복음 3:16을 비교해 보라. 그 내용이 어떤 연관성이 있는가?

3) 세계에서 가장 놀랍고도 유명한 기적 중 하나가 출애굽기 14장에 기록되어 있다. 그것은 무엇인가?

이 사건이 당신에게 주는 영적 진리는 무엇인가? (출 14:31의 이스라엘 백성들의 반응과 비교해 보라).

4) 이스라엘 민족이 광야에서 많은 시련과 고통을 겪었다. 약속의 땅에 들어가기 전 수십년 간 방황하면서 하나님께 여러 번 범죄했다(참고, 출 17:1-7; 32:1-6, 15-20; 민 21:4-9).

(1) 구약에 기록된 이 사건들이 오늘날 당신에게 어떤 실제적인 가치가 있는가? (고전 10:5-11)

(2) 이러한 사건들에서 나타난 잘못된 태도와 죄들은 무엇인가?

5) 고린도전서 10:1-13에 기록된 광야생활의 말씀을 통해 당신에게 주신 하나님의 약속은 무엇인가?

"사람이 감당할 시험 밖에는 너희가 당한 것이 없나니 오직 하나님은 미쁘사 너희가 감당하지 못할 시험 당함을 허락하지 아니하시고 시험 당할 즈음에 또한 피할 길을 내사 너희로 능히 감당하게 하시느니라"(고전 10:13).

이 말씀은 우리가 어려움을 당할 때에 인내함으로 하나님의 신실하심에 기대어 시험에서 승리를 해야 한다고 말한다. 이스라엘 백성들은 광야에서 하나님에 대한 믿음만 있었으면 충분히 감당할 시험이었음에도 불구하고 피할 길이 없다고 하나님을 원망하고 불만하다가 결국 망하게 되었음을 가르쳐 준다.

현재 당신의 삶에서 이 약속을 붙잡아야 할 상황이 있다면 나누어 보라.

이스라엘 백성은 하나님이 그들을 위해 놀라운 이적과 기사들을 보여주셨음에도 불구하고 또 다시 잘못을 행했다. 그들은 하나님 안에서 안식하지 못했다. 그들은 우상을 숭배했고(고전 10:7), 간음했으며(8절), 주님을 시험했고(9절), 하나님께 불평했다(10절). 이런 이유 때문에 하나님이 그들을 심판하셨다(참고, 갈 5:7-8).

고린도전서 10:12 "그런즉 선줄로 생각하는 자는 넘어질까 조심하라"는 말씀에 의하면, 성숙한 인격을 가진 그리스도인도 똑같은 죄들을 범할 수 있다. 그러나 시험이 우리에게 닥쳤을 때 고린도전서 10:13의 약속의 말씀을 붙든다면 죄를 피할 수 있으며 하나님께서 우리를 사용하실 수 있다.

우리가 할 일은 오직 우리가 하나님의 손에 붙들려서 하나님이 우리에게 주신 것들, 즉 재능, 시간, 물질을 전적으로 하나님이 그의 목적에 따라 유용하게 쓰시도록 우리 자신을 맡기는 것이다.

적용

1. 이 과에서 당신에게 가장 의미 있는 것은 무엇인가?

2. 하나님은 우리가 가지고 있는 것을 사용하기를 원하신다. 모세는 지팡이를 사용했고, 다윗은 물맷돌을 사용했으며, 기드온은 횃불과 항아리와 나팔을 사용했다. 당신이 가진 것은 무엇인가? 하나님께서 당신에게 맡겨 주신 것들을 어떻게 사용하기를 바라시겠는가?

3. 당신은 일상생활에서 고린도전서 10:13을 어떻게 적용하겠는가?

외울 말씀 고린도전서 10:13
사람이 감당할 시험 밖에는 너희가 당한 것이 없나니 오직 하나님은 미쁘사 너희가 감당하지 못할 시험 당함을 허락하지 아니하시고 시험 당할 즈음에 또한 피할 길을 내사 너희로 능히 감당하게 하시느니라

읽을 말씀 출애굽기 3, 4, 12, 14장

제5과

율법과 은혜

학 습 목 표 : 율법을 지킬 수 없는 인간의 연약함과 하나님의 은혜가 필요한 사실을 깨닫게 된다.

하나님의 거룩한 말씀에는 모세의 율법과 하나님의 은혜가 대조를 이루며 나타난다. 하나님은 율법을 통해서 사람에게 요구하시는 의의 기준을 제시하셨다. 율법을 다 지킴으로 의롭게 될 사람은 한 사람도 없다. 하나님은 그리스도 안에서 은혜로 사람에게 의를 주셨고 그 의는 믿음으로 우리의 것이 된다(요 1:17; 엡 2:8–9).

율법으로 우리는 죄를 깨닫게 된다(롬 7:7–8; 갈 3:19). 바울은 “전에 율법을 깨닫지 못했을 때에는 내가 살았더니 계명이 이르매 죄는 살아나고 나는 죽었도다.”라고 말했다(롬 7:9).

바울은 그의 죄성 때문에 악을 행하는 것과 끊임없이 싸운다고 탄식했다. “내 속사람으로는 하나님의 법을 즐거워하되 내 지체 속에서 한 다른 법이 내 마음의 법과 싸워 내 지체 속에 있는 죄의 법으로 나를 사로잡는 것을 보는도다 오호라 나는 곤고한 사람이로다 이 사망의 몸에서 누가 나를 건져내랴”(롬 7:22–25).

이것은 하나님의 은혜가 없을 때 그리스도인들이 겪게 되는 갈등이다. 이 은혜로 인해 예수 그리스도는 우리를 율법으로부터 오는 죄의식과 죄로 인해 생긴 속박에서 벗어나게 해 주셨다. 바울은 예수 그리스도로 말미암아 하나님께서 자신을 자유하게 하신 것을 감사하고 있다(롬 7:25상).

하나님의 은혜를 생생히 보여 주시는 예수님을 통해 우리는 구약의 이야기 속에서 하나님의 자비에 대해 풍부하게 이해할 수 있게 된다. 구원이 오직 하나님의 자비와 은혜로만 가능하다는 것은 율법 아래 있는 사람의 갈등을 볼 때 분명해진다. 이처럼 성경은 죄에 대한 하나님의 심판과 그를 진심으로 신뢰하며 순종하는 자들의 구원을 균형 있게 다룬다.

1 율법

'율법'이라고 말할 때 가장 먼저 생각나는 것은 십계명이다. 십계명은 출애굽기 20장에 기록되었고 신명기 5장에도 반복된다. 그 내용은 다음과 같다.

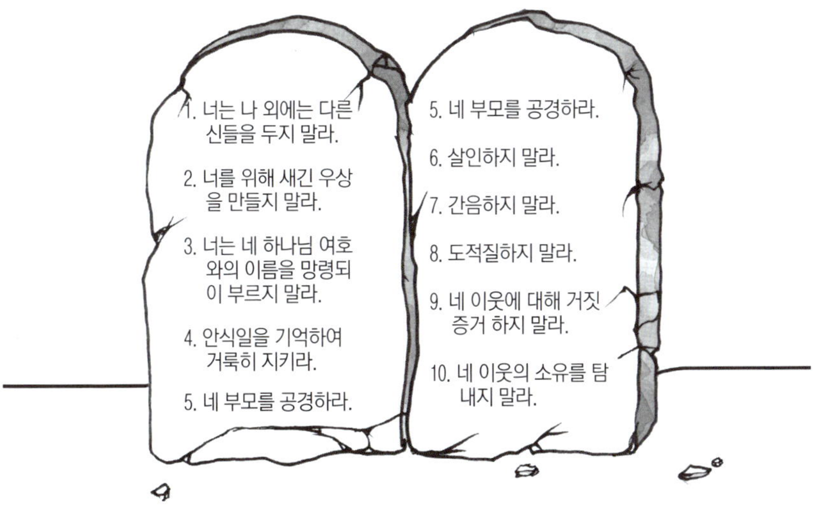

1) 예수님께서는 십계명을 마태복음 22:37-40에서 두 가지로 압축하셨다. 그 두 가지는 무엇인가?

(1)

(2)

마음을 다하고 목숨을 다하고 뜻을 다한다는 것은 마음과 육체와 의지 모두, 내 존재의 전심을 다해 여호와를 사랑하라는 말씀이다. 그러나 이것을 어떻게 증명하는가? 내가 하나님을 사랑한다는 것을 어떻게 스스로 또는 하나님은 판단하시는가? 그 답은 '네 이웃을 네 자신 같이 사랑하라'는 말씀에서 발견할 수 있다. 내가 내 이웃을 얼마나 사랑하는가가 하나님을 사랑하는 척도이다. 쉽지 않은 신앙의 도전이다. 보이지 않는 하나님을 사랑하는 것은 보이는 이웃을 사랑하는 것으로 알 수 있다.

2) 야고보는 율법 중에 하나를 범하는 것에 대해서도 매우 심각하게 말씀하고 있다. 어떻게 선언하는가? (약 2:10)

야고보서 2:10 누구든지 온 율법을 지키다가 그 하나를 범하면 모두 범한 자가 되나니

야고보서 2:1-10은 사람을 차별하는 것에 대한 죄를 이야기하고 있다. 그것이 작은 일처럼 보이지만 결국 이웃을 내 몸같이 사랑하라는 중요한 율법을 깨는 것이다. 그러므로 사람 하나를 차별하는 것도 율법 전체의 정신을 깨는 것이므로 율법을 범한 자, 즉 죄인이 된다고 말한다.

2 율법이 하는 일

신명기 29:29과 30:11-20을 읽으라.

모세의 율법은 행위의 언약이다. 하나님은 '... 하라'와 '... 하지 말라'라고 말씀하셨다. 율법은 명확하고 그것을 지키지 않으면 그에 해당되는 형벌도 분명히 규정하고 있다.

웹스터 사전은 법에 대해 "국가에서 정한 국가의 강제력이 수반되는 행위와 행동에 대한 규정"이라고 정의한다. 법에는 항상 두 가지 요소가 포함되는데 그것은 기준과 처벌이다.

이 율법들은 그 당시 의에 대한 하나님의 기준을 나타낸다. 이것은 구약시대에는 문자 그대로 사람들의 행동의 표준을 나타내주는 척도였다. 신약성경은 '이 율법에 의해서 죄를 알게 된다.'고 말한다. 예수 그리스도는 '율법을 완성' 하러 오셨고, 십자가에서 죽으심으로 율법을 완성하셨다. 따라서 이제는 예수 그리스도 자신이 의에 대한 하나님의 기준이 되었다.

1) 하나님의 백성들은 하나님께서 주신 명령에 대해서 어떻게 반응해야 하는가? (신 29:29; 30:11, 19)

신명기 29:29 감추어진 일은 우리 하나님 여호와께 속하였거니와 나타난 일은 영원히 우리와 우리 자손에게 속하였나니 이는 우리에게 이 율법의 모든 말씀을 행하게 하심이니라

신명기 30:11 내가 오늘 네게 명령한 이 명령은 네게 어려운 것도 아니요 먼 것도 아니라

신명기 30:19 내가 오늘 하늘과 땅을 불러 너희에게 증거를 삼노라 내가 생명과 사망과 복과 저주를 네 앞에 두었은즉 너와 네 자손이 살기 위하여 생명을 택하고

2) 신명기에서 모세가 백성들에게 반복적으로 부탁한 메시지는 무엇인가? 다음 구절을 묵상하면서 답을 찾아보라. 모세는 왜 그렇게 해야 한다고 가르치고 있는가? (신 30:16, 20)

신명기 30:16 곧 내가 오늘 네게 명령하여 네 하나님 여호와를 사랑하고 그 모든 길로 행하며 그의 명령과 규례와 법도를 지키라 하는 것이라 그리하면 네가 생존하며 번성할 것이요 또 네 하나님 여호와께서 네가 가서 차지할 땅에서 네게 복을 주실 것임이니라

신명기 30:20 네 하나님 여호와를 사랑하고 그의 말씀을 청종하며 또 그를 의지하라 그는 네 생명이시요 네 장수이시니 여호와께서 네 조상 아브라함과 이삭과 야곱에게 주리라고 맹세하신 땅에 네가 거주하리라

3) 마가복음 12:28-31에서 예수님은 율법의 모든 계명 중에 첫째와 둘째가 무엇이라고 말씀하시는가?

4) 마태복음 5:17에 의하면, 예수님이 율법을 어떻게 평가하셨다고 생각하는가?

마태복음 5:17 내가 율법이나 선지자를 폐하러 온 줄로 생각하지 말라 폐하러 온 것이 아니요 완전하게 하려 함이라

5) 로마서 3:19-26을 읽으라.

(1) 율법은 무엇을 드러내는가? (19-20절)

"이는 모든 입을 막고 온 세상으로 하나님의 심판 아래에 있게 하려 함이라."(롬 3:19하) 율법은 하나님의 기준을 보여 주는 것이다. 이 세상의 누구도 그 기준을 벗어나 의롭게 될 수 없다. 온 세상 사람들은 개인의 의지와 상관없이 모두가 하나님의 율법의 기준 아래 있다("모든 입을 막고"). 그러므로 어느 누구든 율법의 기준대로 살 수 없다면 그는 결국 하나님의 심판 아래에 놓이게 된다.

(2) 율법이 완전히 계시하지는 못했지만 무엇을 증거하고 있는가? (21절)

(3) 우리가 의롭게 될 수 있는 길은 무엇인가? (22-24절)

신약성경에서 '율법'이란 말은 종종 율법주의적인 방법으로 하나님께 나아가려는 것, 즉 자기 스스로 하나님의 의의 기준을 지킴으로 그 앞에서 의롭게 되려는 노력을 말한다. 기독교를 제외한 모든 종교와 도덕 체계들은 모두 율법주의적인 길을 추구한다. 모세의 율법은 법적인 면에서 하나님께 나아가는 최상 최고의 길이다. 인간의 법체계 가운데 모세의 율법만이 하나님으로부터 인정받은 것이다. 십계명이나 산상보훈과 같은 율법을 완전히 지킬 수 있으면 좋겠지만 어느 누구도 그렇게 할 수 없으며, 그런 노력은 행위로 하나님께 의로움을 인정받으려는 행위 구원이 되는 것이다. 누구도 성공할 수 없는 길이다.

행위와는 완전히 다른 길이 있다. 그것은 은혜로 하나님께 나아가는 길이다(롬 6:14). 하나님께서는 율법과 은혜를 각기 다른 목적으로 주셨다. 그 목적을 혼동하지 말아야 한다. 의롭게 되는 길에 있어서 우리는 이 둘 중의 어느 하나만을 따라야지 둘 다 따를 수는 없다. 모든 그리스도인들은 깨닫든 깨닫지 못하든, 그 특권을 누리든 못 누리든 주의 은혜 아래 있다. 은혜는 우리의 노력의 대가가 아니라 하나님께서 거저 베푸신 사랑과 자비이다(딛 3:5-6; 롬 4:4-5).

율법 아래서는 우리가 땀 흘려 노력해야 하지만(노력해도 얻을 수는 없다), 은혜 아래서는 주님이 값없이 주시는 선물을 거저 받는 것이다.

은혜는 우리의 노력 여하가 아니라 다만 우리가 받아들이느냐 받아들이지 않느냐에 달려 있다. 그것은 우리의 선함이나 악함이 기준이 아니다(롬 5:8). 자격이 없는 우리에게 하나님께서는 최상의 방법을 마련해 놓으셨다.

3 은혜

1) 로마서 3:19-26은 하나님의 은혜를 이해하는데 도움이 된다. 아래에 있는 로마서 3:19-26 [현대인의 성경]을 읽으면서 당신에게 특별히 의미가 있는 낱말에 밑줄을 그으라.

19 우리가 아는 대로 율법은 율법 아래 있는 사람들에게만 적용됩니다. 그래서 아무도 변명하
지 못하고 모든 사람이 다 하나님 앞에 죄인으로 서게 하려는 것입니다. 20그래서 율법을 지키
는 것으로는 하나님 앞에서 아무도 의롭다는 인정을 받을 수가 없습니다. 율법은 다만 우리가
죄인이라는 사실을 깨닫게 하는 것뿐입니다. 21그러나 지금은 율법과 관계없이 하나님에게 의
롭다는 인정을 받을 수 있는 길이 열렸습니다. 그것은 율법과 예언자들에 의해서 증거 된 것입
니다. 22예수 그리스도를 믿는 사람이면 누구나 차별 없이 하나님에게 의롭다는 인정을 받습니
다. 23모든 사람이 죄를 지어 하나님의 영광스런 표준에 미치지 못하였으나 24예수 그리스도께

서 마련하신 구원의 길을 통해 하나님의 은혜로 값없이 의롭다는 인정을 받게 되었습니다. [25] 하나님께서는 그리스도 예수님의 피를 죄에서 구원하는 제물로 삼으시고 누구든지 그분을 믿으면 하나님과 화목하게 하셨습니다. 그것은 하나님께서 참으심으로 그냥 지나쳐왔던 과거의 모든 죄를 [26]오늘날 그리스도로 말미암아 해결하심으로 자기의 의로우심을 나타내셔서 자기도 의로우시며 예수를 믿는 사람도 의롭다고 인정하기 위해서입니다.

2) 로마서 3:20과 에베소서 2:8-9을 비교해 보고 그 결론을 적어 보라.

(1) 율법을 완전히 지키라는 명령을 받게 된다면 사람들은 어떤 기분이 들까?

(2) 당신은 은혜로 사는 삶과 율법을 따르는 삶 중 어느 것을 택하겠는가? 왜 그런가?

오늘날 많은 그리스도인들이 하나님께서 값없이 주신 은혜로 모든 것을 소유하고 있다. 하지만 여전히 율법 아래에서 율법의 완전한 기준대로 살지 못하는 자신의 연약함을 정죄하고 죄책감을 느끼며 비참한 실패의 삶을 살고 있는 이들도 있다. 그들은 하나님을 완고하고 빈틈없는 완벽을 요구하는 감독자로 생각한다. 그래서 자신들이 지은 죄를 해결하기 위해 평생 분투한다. 선행으로 하나님의 사랑을 얻고 천국에 가고자 애쓴다. 그러나 예수께서 '사랑하는 아바 아버지'라고 부르셨던 하나님은 은혜로 모든 것을 용서하시고 풍성하게 주시는 우리의 아버지이시다. 우리가 알아갈수록 더욱 귀한 은혜의 하나님이심을 깨닫게 될 것이다.

율법과 은혜의 목적:

율법의 목적은 판단하여 죄를 드러내는 데 있다(딤전 1:8-10). 율법은 인간을 결코 구원할 수 없으며 능력을 주거나 격려나 위로를 줄 수도 없다. 거울은 단지 우리의 모습을 비춰줄 뿐 얼굴에 무엇이 묻어 있어도 그것을 닦아주지 못한다. 거울은 단지 무엇이 묻었다는 사실을 보여 줄 뿐이다. 이와 마찬가지로 율법은 우리에게 은혜가 필요하다는 것을 알려 줄 뿐이다.

은혜의 목적은 구원하고 능력을 주며 위로와 격려를 주는 것이다(엡 2:8-9; 롬 6:1-2). 거울은 얼굴에 묻은 것을 보여 줄 뿐, 더러운 것을 씻어주는 것은 물과 비누이다. 이처럼 율법은 더러움을 보여 주고, 은혜는 그것을 씻어 준다.

은혜 아래 있기 위해 기억해야 할 사항

신약성경 전체의 내용은 그리스도인이 율법에서 해방되고 은혜 아래 있다는 사실을 반복하여 말한다. 성경의 진리는 분명하지만 오해하고 있는 사람들이 많다.

* 우리의 죄의 짐이 제거되었다.

우리의 모든 죄는 그리스도에 의해 용서받았다(요일 2:2). 우리가 비록 하나님의 율법을 다 지키지 못해 죄를 지었으나 죄책감에 시달릴 필요는 없다. 하나님께서는 우리의 죄를 완전히 용서해 주셨다. 죄의 짐을 지고 애써 싸우는 그리스도인들은 하나님을 가혹한 재판관으로 생각한다. 그래서 하나님을 결코 기쁘시게 할 수 없다고 생각하는데 이것이 곧 율법 아래 사는 모습이다. 로마서 8:1은 그리스도인에게는 결코 정죄함이 없다고 말한다.

* 신앙생활의 그릇된 동기가 제거되었다.

하나님의 인정을 받기 위해 애쓰는 삶을 더 이상 살지 않아도 된다. 하나님께서는 그리스도 안에서 나의 삶을 보신다. 하나님은 죄악 된 내가 아니라 내 안에 계신 그리스도를 보신다. 나의 과거와 현재와 미래의 선행은 내가 천국에 가도록 도와줄 수 없다. 십자가만이 나를 의롭게 해주기 때문이다.

전도나 성경공부가 나를 의롭게 해주지 못한다. 그러므로 하나님을 위한 봉사는 두려움이나 위협 때문이 아니라 사랑 때문에 자원하는 마음으로 기쁘게 하는 것이다. 많은 그리스도인들이 자신이 만든 율법에 얽매여 있다. 그들은 사랑으로 순종하는 것이 아니라 하나님의 인정을 받기 위해 일한다. 매일 한 사람씩 전도하고 이른 아침 시간을 정하여 성경을 읽으며 기도제목을 적고 어김없이 기도한다. 그러나 자신이 세운 규칙을 어기게 되면 가책을 받고 무거운 죄책감에 빠져 버린다. 이러한 습관은 아주 좋고 유익하지만 그 동기가 사랑이어야만 한다.

* 연약함이라는 짐이 제거되었다.

은혜 아래 있는 우리에게는 더 높은 기준이 있는데 그것은 곧 그리스도의 삶이다. 내 안에 계시는 주님이 그 기준에 완전히 도달하도록 도와주신다. 그리스도인의 삶은 때로 넘어질 때도 있지만 용서받고 또 새롭게 그 기준을 향해 계속 달려가는 것이다.

'이것을 지키며 살라'고 율법은 명령하지만
발이나 손을 주는 것은 아니라네.
더욱 은혜로운 복음의 말씀이
나를 날게 하시며 날개도 주셨다네, -작자미상-

적용

1. 이 과에서 당신에게 가장 의미 있는 것은 무엇인가?

2. 자기 자신의 선행으로 하나님을 기쁘시게 하려는 사람에게 율법과 은혜의 차이를 설명해보라.

3. 다음 사항과 당신과의 관계는 어떠한가?

율법 :

은혜 :

4. 율법과 은혜에 대한 깨달음이 하나님을 기쁘시게 하고 싶은 당신의 열망에 어떤 변화를 주는가?

외울 말씀 로마서 6:23

죄의 삯은 사망이요 하나님의 은사는 그리스도 예수 우리 주 안에 있는 영생이니라.

읽을 말씀 갈라디아서 3장

제6과

구원과 용서

학 습 목 표 : 하나님의 약속을 믿어 안식을 누리며, 죄로 인해 하나님과의 교제가 방해받지 않고 지속될 수 있게 한다.

구약성경의 여호수아와 다윗은 다른 사람들과 구별되는 독특한 자질을 갖고 있어서 유명해졌다.

여호수아는 모세의 탁월한 군사 전략가로 활약했다. 모세를 도와 이스라엘을 약속의 땅 가나안으로 인도한 그는 '구원자'로서의 특징을 갖는다. 모세가 가나안 땅을 정탐하러 보냈던 12명의 정탐꾼 중에 여호수아와 갈렙만이 하나님께서 분명히 그 땅을 정복하게 하실 것이라고 확신했다. 여호수아와 갈렙은 하나님을 믿고 기꺼이 순종하여 애굽에서 노예생활을 경험했던 사람들 중에서 유일하게 가나안 땅에 들어갔다. 여호수아는 도전에 직면했을 때 충성스럽게 하나님의 인도하심을 구했으며, 하나님께서는 그를 모세를 계승하는 이스라엘의 지도자요 구원자로 세웠다.

목동, 시인, 군인이었던 이스라엘의 가장 위대한 왕 다윗은 용서의 원리로 잘 알려져 있다. 예수 그리스도의 조상으로서 그는 히브리서 11장 믿음의 전당에 이름이 올라가 있으며, 하나님께서 친히 그를 "마음에 맞는 사람"이라고 하셨다(삼상 13:14). 그러나 그에게도 어두운 그늘이 있었다. 그는 밧세바와 간음하고 그녀의 남편인 우리야를 살해하도록 지시했다. 또한 하나님께 불순종하여 인구조사를 실시했다.

이러한 실패에도 불구하고 신실하시고 용서하시는 하나님에 대한 다윗의 변치 않는 믿음이 오늘날 우리에게도 위로의 근원이 된다. 다윗은 진실한 마음으로 그의 죄를 즉각적으로 고백했고 하나님께서도 결코 용서를 주저하지 않으셨다(시 32:1-5).

이것을 통해 우리가 배울 수 있는 교훈은 다윗처럼 우리도 죄의 결과로 고통을 받을 수 있지만, 우리가 실패할 때마다 하나님의 용서하시는 사랑을 의지할 수 있다는 것이다.

여호수아와 다윗에게서 찾아볼 수 있는 공통된 한 가지 자질은 하나님에 대한 신뢰이다. 이 자질이 그들을 위대한 사람이 되게 했다.

다윗은 다른 어떤 왕보다도 하나님과 그의 백성을 연결시키는 고리가 되었다. 하나님께서는 다윗 왕에게 "네 집과 네 나라가 내 앞에서 영원히 보전되고 네 왕위가 영원히 견고하리라"고 말씀하셨다(삼하 7:16. 참고 시 89:3-4, 27-29; 132:11). 이 말씀은 장차 다윗의 혈통에서 태어날 위대한 한 왕을 통해 성취되어진다. 이 왕은 영원히 사시며 영원한 한 나라를 세우시게 된다(사 9:6-7; 눅 1:30-33).

당신이 배운 원리들을 생활가운데 적용할 수 있도록 도와주시기를 하나님께 기도하며 이 과를 자세히 공부하자.

1 여호수아와 구원

그의 이름은 '여호와는 구원이시다.'라는 뜻을 갖는다. 이것을 헬라어로 번역하면 우리의 주 "예수"의 이름으로 연결된다.

1) 하나님께서 여호수아에게 하신 약속을 열거해 보라. (수 1:1-9)

이 약속들이 성취되기 위한 조건은 무엇인가?

조건이 만족되지 않는다면 하나님이 주시겠다고 하신 약속의 성취를 기대할 수 없음을 기억하라!

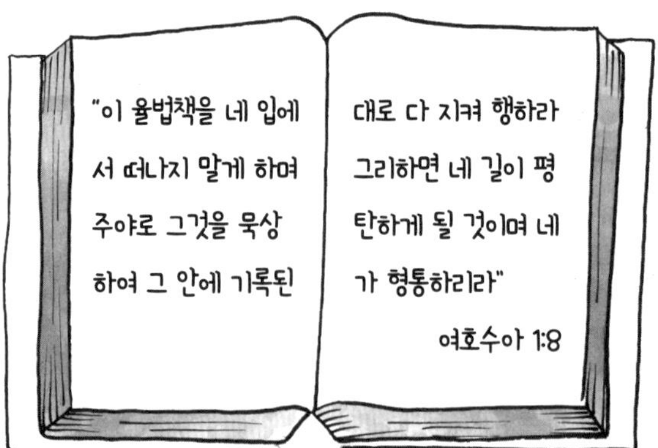

이 가운데 어떤 것을 당신의 생활에 적용할 수 있겠는가? 어떻게 적용할 것인가?

2) 하나님이 여호수아에게 기도를 중지하라고 하신 이유는 무엇인가? (수 7:10)

(1) 시편 66:18은 기도에 대해서 우리에게 무엇을 가르쳐 주는가?

시편 66:18 내가 나의 마음에 죄악을 품었더라면 주께서 듣지 아니하시리라

(2) 기도에 대한 시편의 가르침을 적용할 때 이스라엘이 아이 성에서 패배한 이유는 무엇인가? (수 7:1, 참고 민 32:23)

민수기 32:23 너희가 만일 그같이 아니하면 여호와께 범죄함이니 너희 죄가 반드시 너희를 찾아낼 줄 알라

3) 죄가 없어진 뒤에는 어떤 일이 일어났는가? (수 8:1)

수 8:1 여호와께서 여호수아에게 이르시되 두려워하지 말라 놀라지 말라 군사를 다 거느리고 일어나 아이로 올라가라 보라 내가 아이 왕과 그의 백성과 그의 성읍과 그의 땅을 다 네 손에 넘겨 주었으니

4) 여호수아가 죽기 전에 백성들에게 한 명령은 무엇인가? (수 23:6)

여호수아 23:6 그러므로 너희는 크게 힘써 모세의 율법 책에 기록된 것을 다 지켜 행하라 그것을 떠나 우로나 좌로나 치우치지 말라

5) 구원자로서 여호수아의 특징이 우리를 위한 그리스도의 사역을 어떻게 예시하는가?

2 다윗과 용서

1) 사무엘상 24장, 사무엘하 5장, 12장에 기록된 사건들은 다윗의 성품을 잘 보여 준다. 이 세 장의 내용에서 다음과 같은 다윗의 특성들을 나타내는 구절들을 찾아보라.

복종

신실함

담대함

하나님에 대한 신뢰

지도력

정욕

죄에 대한 통회

2) 다윗의 성품의 고결함은 위의 내용들 뿐 아니라 그의 생애의 많은 사건들 속에서 나타난다. 그는'하나님의 마음에 맞는 사람'이라고 불렸고, 믿음의 위인들 중에서도 높은 위치를 차지했다. 하나님 백성의 통치자로서 예수님의 명칭은'다윗의 자손'이었다. 그러나 다윗은 탁월한 영적 지도력과 지위에 맞지 않게 무서운 죄를 범했다. 어떻게 이러한 사람을 '하나님의 마음에 맞는 사람'의 모범으로 들 수 있을까?

무서운 죄를 지었음에도 어떻게 '하나님 마음에 맞는 사람'으로서 하나님 백성의 모범이 될 수 있었는지를 안다면, 성경적 믿음의 본질을 깨달은 것이다. 사무엘하 12장을 다시 읽고, 다윗이 그 당시에 기록했던 시편 32편과 51편도 함께 읽으라.

우리는 순종할 때 복을 받는다. 불순종한 것을 회개하면 하나님과 올바른 관계가 회복되며 구원의 즐거움을 되찾게 된다. 죄 고백 후에 감정을 의지하거나 감정의 변화를 기다려서는 안 되며 오직 "자기의 죄를 숨기는 자는 형통치 못하나 죄를 자복하고 버리는 자는 불쌍히 여김을 받으리라"는 잠언 28:13의 성경 말씀을 단순하게 믿음으로 받아들여야 한다.

3) 교회는 그리스도에 관해 무엇을 믿어야 하는가?

4) 왕으로서 그리고 제사장으로서 그리스도의 역할이 구원과 용서에 어떤 관련이 있는가?

[보충자료]

유대 달력은 3월에 한 해가 끝나는데, 이때는 봄이 되어 겨울에 멈췄던 전쟁을 다시 시작하곤 했다. 사무엘하 11:1에 보면 왕들이 전쟁에 참여하는 이때에 다윗왕은 예루살렘에 그대로 남아있었다는 것은 뭔가 잘못된 것이 있음을 암시한다.

시편 5:3; 63:1; 143:8을 보면 다윗이 성실하게 매일 이른 아침에 하나님을 만나며 주의 인도하심을 구했다고 말한다. 그러나 사무엘하 11:2에서 다윗은 아침 일찍 일어나지 않고 저녁쯤 늦게 일어나 발코니를 걷고 있다가 한 아름다운 여인을 보고 유혹을 받았다고 말한다. 다윗은 간음죄(삼하 11:4), 살인죄(삼하 11:15), 위선(삼하 11:25) 등의 죄를 지었다. 시편 32, 38, 51편은 인간이 잠깐 동안 죄악 속에서 즐길 수는 있으나, 하나님과 교제가 끊어지면 죄책감과 불안 속에서 비참하다는 사실을 말해 준다.

다윗은 죄를 고백하여 완전하게 용서받고 회복되었다.

(1) 다윗은 자신의 죄를 인정했다(삼하 12:13; 시 51:3).

(2) 구원의 기쁨을 다시 주시도록 기도했다(시 51:12).

(3) 하나님께 쓰임받기 위해서는 정결한 마음을 가져야 한다는 사실을 깨달았다.

다윗은 무서운 죄의 대가를 치렀다.

(1) 간음의 결과로 낳은 아이가 죽었다(삼하 12:18).

(2) 다윗의 아들들 중 암논은 간음죄를, 압살롬은 살인죄를 저질렀다(삼하 13:1-29).

(3) 압살롬은 반란을 일으키고 비참하게 죽임을 당했다(삼하 14-18장).

다윗은 죄를 완전하게 용서받았지만 죄의 대가를 치렀다. 마치 우리가 벽에 못을 박으면 이 못을 다시 빼도 벽에 흔적이 그대로 남는 것처럼, 죄는 완전히 용서받지만 죄의 흔적은 남게 된다. 따라서 죄의 유혹에 대해 끝까지 대항해야 한다.

적용

1. 이 과에서 당신에게 가장 의미 있는 것은 무엇인가?

2. 오늘날 당신이 다루어야 할 문제나 죄는 무엇인가?

3. 아래의 여호수아 24:3-13을 읽고 여기에 나오는 '내가'에 밑줄을 그어 하나님께서 이스라엘 백성을 위해 이루신 일들을 주목하라. 하나님께서 당신을 위해서 이루어 주시기 원하는 것은 무엇인가? 그 영역들에서 당신을 위해 역사해 주시도록 믿음으로 기도하라.

여호수아 24:3-13 3내가 너희의 조상 아브라함을 강 저쪽에서 이끌어 내어 가나안 온 땅
에 두루 행하게 하고 그의 씨를 번성하게 하려고 그에게 이삭을 주었으며 4이삭에게는 야
곱과 에서를 주었고 에서에게는 세일 산을 소유로 주었으나 야곱과 그의 자손들은 애굽으
로 내려갔으므로 5내가 모세와 아론을 보내었고 또 애굽에 재앙을 내렸나니 곧 내가 그들
가운데 행한 것과 같고 그 후에 너희를 인도하여 내었노라 6내가 너희의 조상들을 애굽에
서 인도하여 내어 바다에 이르게 한즉 애굽 사람들이 병거와 마병을 거느리고 너희의 조
상들을 홍해까지 쫓아오므로 7너희의 조상들이 나 여호와께 부르짖기로 내가 너희와 애굽
사람들 사이에 흑암을 두고 바다를 이끌어 그들을 덮었나니 내가 애굽에서 행한 일을 너
희의 눈이 보았으며 또 너희가 많은 날을 광야에서 거주하였느니라 8내가 또 너희를 인도
하여 요단 저쪽에 거주하는 아모리 족속의 땅으로 들어가게 하매 그들이 너희와 싸우기로
내가 그들을 너희 손에 넘겨주매 너희가 그 땅을 점령하였고 나는 그들을 너희 앞에서 멸

절시켰으며 [9]또한 모압 왕 십볼의 아들 발락이 일어나 이스라엘과 싸우더니 사람을 보내
어 브올의 아들 발람을 불러다가 너희를 저주하게 하려 하였으나[10]내가 발람을 위해 듣기
를 원하지 아니하였으므로 그가 오히려 너희를 축복하였고 나는 너희를 그의 손에서 건져
내었으며 [11]너희가 요단을 건너 여리고에 이른즉 여리고 주민들 곧 아모리 족속과 브리스
족속과 가나안 족속과 헷 족속과 기르가스 족속과 히위 족속과 여부스 족속이 너희와 싸
우기로 내가 그들을 너희의 손에 넘겨 주었으며 [12]내가 왕벌을 너희 앞에 보내어 그 아모
리 족속의 두 왕을 너희 앞에서 쫓아내게 하였나니 너희의 칼이나 너희의 활로써 이같이
한 것이 아니며 [13]내가 또 너희가 수고하지 아니한 땅과 너희가 건설하지 아니한 성읍들을
너희에게 주었더니 너희가 그 가운데에 거주하며 너희는 또 너희가 심지 아니한 포도원과
감람원의 열매를 먹는다 하셨느니라

4. 여호수아와 다윗의 태도와 당신의 태도를 비교해 보라.
더 경건한 삶을 살기 위해 그들로부터 배워야 할 것은 무엇인가?

외울 말씀 여호수아 1:9
내가 네게 명령한 것이 아니냐 강하고 담대하라 두려워하지 말며 놀라지 말라 네가 어디로 가든지 네 하나님 여호와가 너와 함께 하느니라 하시니라

읽을 말씀 여호수아 1, 23장; 사무엘하 12장

제7과

엘리야

성령의 능력의 사람

학 습 목 표 : 엘리야의 삶을 살펴봄으로 엘리야처럼 성령의 인도함을 받아 담대하고 능력 있게 하나님을 섬길 수 있다.

이스라엘의 왕들과 맞서 대항했던 선지자로 유명한 엘리야는 극적인 삶을 살았다. 그는 이스라엘에서 바알 숭배를 몰아내기 위해 노력했다. '이스라엘이 낳았던 위대하고도 열정적인 인물'인 엘리야는 성령의 인도하심을 받은 사람의 능력을 보여 준다.

그는 자신이 선언하지 않으면 비도 이슬도 내리지 않을 것이라고 아합 왕 앞에서 예언했다. 사르밧에서는 과부의 죽은 아들을 다시 살렸다(왕상 17:17-24). 갈멜산에서 그는 하늘로부터 불을 내리게 했다(왕상 18:16-46). 열왕기하 2:1-12은 엘리야가 옷으로 요단강을 쳤을 때 강이 갈라져 그와 엘리사가 함께 강을 마른 땅처럼 건너간 것을 기록하고 있다. 그때 엘리사가 보는 가운데 엘리야는 불수레를 타고 하늘로 올라갔다.

말라기를 통해서 하나님은 이스라엘에게 엘리야처럼 "아비의 마음을 자녀에게로 돌이키게 하고 자녀들의 마음을 그들의 아비에게도 돌이킬" 다른 선지자를 보내겠다고 약속하셨다(말 4:4-5). 이 예언은 세례요한을 통해 성취되었다. 누가는 한 천사가 세례요한의 아버지 스가랴에게 전해준 메시지를 기록하고 있다. "저가 또 엘리야의 심령과 능력으로 주 앞에 앞서 가서 아비의 마음을 자식에게, 거스리는 자를 의인의 슬기에 돌아오게 하고 주를 위하여 세운 백성을 예비하리라"(눅 1:17).

마태, 마가, 누가의 복음서들은 변화산에서 모세와 예수님과 더불어 엘리야가 나타난 것을 기록하고 있다. 엘리야가 성령으로 인도함을 받는 사람이라는 것은 의심의 여지가 없다. 그러나 그가 자신의 능력으로 기적을 행할 수 있었던 것은 아니다. 그의 능력의 열쇠는 바로 하나님과의 개인적인 관계였다.

선지자에게 능력을 주셨던 성령은 오늘날 하나님의 모든 자녀안에 거하신다. 예수님은 성령이 우리에게 임하시면 우리가 필요한 모든 능력을 얻게 될 것이고(행 1:8), 우리가 지상명령 성취를 도울 때 이 능력이 우리로 열매 맺는 전도자가 되게 할 것이라고 약속하셨다.

비록 우리가 하나님을 위해 놀라운 기적을 행하기를 원하다 할지라도 우리는 하나님과의 관계에 최우선 순위를 두어야 한다. 우리를 위한 그분의 계획과 목적을 전적으로 그리고 아무 조건 없이 따를 때에만 그분은 우리를 사용하실 수 있다.

1 엘리야

"엘리야의 삶을 이해하기 위해서 먼저 엘리야가 사역을 시작했을 때의 배경을 간단히 살펴보자. 아합 왕은 엣바알의 딸인 가나안 여인 이세벨을 아내로 맞았다. 아합 왕은 소심하고 연약하며 쉽게 굴복해 버리는 성격 때문에 이세벨에게 바알과 아세라의 우상숭배를 허용했다. 바알의 선지자들과 제사장들이 백성들 앞에서 임명되면서 여호와의 선지자들은 죽임을 당하거나 도망하여 동굴 속에 숨어 있었다. 여호와를 진정으로 섬기는 사람들은 하나도 남지 않고 다 죽임을 당하는 듯했다. 이세벨은 또한 전통적으로 여호와를 섬겨온 제사장 가문인 레위 족속을 추방한 후 모든 제사장을 잔인하게 죽이도록 아합 왕에게 간청했다. 이러한 때에 엘리야가 갑자기 아합 왕 앞에 나타나 왕이 하나님을 배신했기 때문에 여호와의 심판이 임할 것이라고 선언했다." – 〈Unger's Bible Dictionary〉, Chicago Moody Press, p. 302.

1) 열왕기상 17:1-7을 읽으라. 아래 진술들이 사실인지 아닌지 O/X로 표시하라.

.... 비가 오지 않았던 것은 다음 세 가지 사항이 모두 요인이 된다고 한다.

① 하나님은 살아 계신다.

② 엘리야는 하나님 임재 가운데 살았다.

③ 엘리야는 담대히 아합 왕에게 하나님의 메시지를 전했다.

.... 성경은 엘리야가 아합을 심판하도록 하나님께 간구했으며 비를 지배할 권한을 달라고 간절히 요청했다고 한다.

.... 엘리야는 결과가 어떻게 될지 모르면서도 곧 바로 나타날 미래에 대한 명령에 복종했다.

.... 엘리야는 그 계획이 불합리하다고 생각했고 주저했다.

2) 결과를 알 수 없다는 이유 때문에 당신이 순종하지 않았던 경험은 없었는가?

....

....

2 사르밧의 과부

1) 열왕기상 17:8-24을 읽으라. 아래 진술들이 사실인지 아닌지 O/X로 표시하라.

엄격하고도 묵묵한 순종이 엘리야의 특징이었다.

아들이 죽었을 때 과부는 죄로 인해 자신을 돌아보는 계기를 가졌다.

하나님은 우리가 위기에 처했을 때 믿음을 흔들리게 하는 죄책감을 우리 생활에서 제거하기를 원하신다.

하나님은 엘리사의 기도를 들어주셨으며 그것을 통해서 그가 하나님의 참 선지자임을 증명해 보여주셨다.

2) 엘리야가 가난한 과부에게 의존하도록 하는 믿음의 과정을 거치게 하신 것을 어떻게 생각하는가?(9절) 당신은 왜 하나님께서 우리를 그런 방법으로 단련시키신다고 생각하는가?

3 아합 왕

1) 열왕기상 18:1-18을 읽으라. 아래 진술들이 사실인지 아닌지 O/X로 표시하라.

______ 아합 왕은 자신의 가축을 염려했다.

______ 그는 이스라엘에 비가 오지 않는 이유를 인정하기를 거절했다(17-18절).

______ 엘리야는 이스라엘에 비가 오지 않는 문제의 근본 이유를 알았다(17-18절).

3년 반 동안 비가 오지 않자 마침내 사마리아에 곡식이 말라 죽어 무서운 기근이 일어났다. 엘리야는 이스라엘에 돌아와 아합 왕이 여전히 회개하지 않고, 이세벨이 우상을 숭배하며, 바알 선지자들이 백성을 속이고 있는 것을 보았다.

엘리야는 먼저 하나님의 참된 종이며 아합 왕의 대신인 오바댜를 만나 왕에게 자기가 돌아왔다는 것을 알리도록 부탁했다. 엘리야를 만나 평소에 가졌던 두려움이 사라진 오바댜는 그 부탁을 수락했다.

아합 왕과 엘리야의 대화는 왕의 질문으로부터 시작된다. "이스라엘을 괴롭게 하는 자가 바로 너냐?" 엘리야가 서슴지 않고 대답하기를, "이스라엘을 괴롭게 한 것은 내가 아니라, 당신과 당신의 아비의 집이다. 당신이 여호와의 명령을 버리고 바알들을 쫓았기 때문이라"고 말했다.

2) 당신이 문제의 원인이었으면서도 인정하지 않았던 때를 적어보라. 그 결과는 무엇이었는가?

3) 우리는 죄를 어떻게 피할 수 있을까? (잠 3:5-6)

잠 3:5-6 5너는 마음을 다하여 여호와를 신뢰하고 네 명철을 의지하지 말라 6너는 범사에 그를 인정하라 그리하면 네 길을 지도하시리라

4 바알의 선지자

1) 열왕기상 18:18-40을 읽으라. 엘리야가 아래의 것들을 했던 구절을 적으라.

- .... 백성들이 타협하는 것을 책망했다.
- .... 하나님의 원수들에게 시합하자고 도전했다.
- .... 비꼬는 말로 그들을 나무랐다.
- .... 제물에 물을 쏟아 부으라고 명령했다.
- .... 백성들이 여호와가 하나님이심을 알도록 해달라고 기도했다.
- .... 바알 선지자들을 죽이도록 명령했다.

엘리야는 갈멜산 위에 백성을 모아 어느 신이 참 하나님인지를 결판내자고 도전했다. 엘리야의 속셈을 알지 못하는 아합 왕은 이 제안을 받아들였으며 백성들도 동의했다. 그들에게 모든 유리한 조건을 베푼 후 엘리야는 바알을 위한 제단과 여호와를 위한 제단을 만들고 그 위에 각각 송아지를 잡아 올려놓게 했다. 불을 붙이지 않고 하늘에서 불을 내려 제단 위의 제물을 태우는 신이 참 하나님이므로 그를 따르고 섬겨야 한다고 했다.

바알의 선지자들이 먼저 제사를 지냈다. 하루 종일 바알 선지자들은 바알을 부르고, 제단 주위에서 뛰고 자신의 몸에 상처를 내어 피가 흐르게 하였지만 아무 소리도 없고 아무 일도 일어나지 않았다. 제물은 차갑게 굳어져 있었다.

그 다음에 엘리야가 무너진 여호와의 단을 다시 쌓아 그 위에 송아지를 얹고 그 제물 위에 도랑이 넘치도록 물을 붓고 기도하기를, "아브라함과 이삭과 이스라엘의 하나님 여호와여 주께서 이스라엘 중에서 하나님이신 것과 내가 주의 종인 것과 내가 주의 말씀대로 이 모든 일을 행하는 것을 오늘 알게 하옵소서"(왕상 18:36) 하였더니 여호와의 불이 내려서 번제물과 나무와 돌과 흙을 태우고 또 도랑의 물을 핥았다. 백성들은 하나님이 살아 계심을 보고 한 목소리로 '여호와 그는 하나님이시로다! 여호와 그는 하나님이시로다!'라고 외쳤다.

2) 이 사건이 오늘날 어떻게 적용될 수 있는가?

3) 열왕기상 18:36에 엘리야가 드린 기도가 나온다. 그는 어떤 기도를 드렸는가? 그의 기도를 어떻게 생각하는지 토론해 보라.

열왕기상 18:36 저녁 소제 드릴 때에 이르러 선지자 엘리야가 나아가서 말하되 아브라함과 이삭과 이스라엘의 하나님 여호와여 주께서 이스라엘 중에서 하나님이신 것과 내가 주의 종인 것과 내가 주의 말씀대로 이 모든 일을 행하는 것을 오늘 알게 하옵소서

엘리야는 숭고한 인격의 소유자였다. 하나님에 대한 그의 믿음은 크고 절대적이었다. 하나님을 향해 목숨을 건 결심을 했던 것이다. 그러므로 그는 "내가 만군의 하나님 여호와께 열심이 유별하오니"(왕상 19:14) 라고 말할 수 있었다.

어떤 위험도 어려움도 인간의 의무도 그의 확신을 흔들어 놓지 못했다. 주를 위한 수고는 어떤 것도 지나치지 않다.

그는 왕 앞이나 기근이나 어떤 경우에도 겁내지 않는 사람이었다. 그의 순종은 어린 아이처럼 단순했다. 그의 영혼은 유순하여 아이를 잃은 과부의 슬픔을 함께 나누었고, 그 사람의 슬픔에 울음을 감추지 못했다. 의와 죄에 대해 철저했고, 일단 하나님의 명령이 떨어지면 불같았다. 한편, 그는 은둔자의 기질을 가지고 있었다. 사람들 앞에 나타나 하나님의 말씀을 전달하고 기적으로 그것을 증명한 후, 다시 사람들의 시야로부터 사라졌다.

적용

1. 이 과에서 당신에게 가장 의미 있는 것은 무엇인가?

2. 엘리야는 하나님과 어떤 관계를 갖고 있었는지 설명해 보라. 그리고 하나님과 당신의 관계와 당신의 능력을 엘리야의 것과 비교해 보라.

3. 하나님의 능력이 당신을 통하여 다른 사람들에게 어떻게 나타났는가? 또한 어떻게 나타나기를 원하는가?

4. 당신이 바라는 하나님의 능력을 경험하기 위해서 당신의 삶에 어떤 변화가 필요하다고 생각하는가?

외울 말씀 열왕기상 18:21

엘리야가 모든 백성에게 가까이 나아가 이르되 너희가 어느 때까지 둘 사이에서 머뭇머뭇 하려느냐 여호와가 만일 하나님이면 그를 따르고 바알이 만일 하나님이면 그를 따를지니라 하니 백성이 말 한마디도 대답하지 아니하는지라

읽을 말씀 열왕기상 17-18장

제8과

예레미야
고독한 예언자

학 습 목 표 : 낙심되는 상황 가운데서도 신실하게 하나님을 섬길 수 있다.

만일 당신이 집이나 학교나 사무실에서 그리스도를 증거하기 힘들다고 생각하면 예레미야서를 공부하며 교훈과 격려를 받으라.

예레미야는 인내하는 예언자였다. 그는 삶에서 수많은 공격을 받았음에도 불구하고 하나님의 신실한 메신저로 활동했다. 그의 대적들은 그의 예언의 진정성에 대해서 공격했다. 그는 종교적 정치적 권위가 무너져가는 시대에 살았다. 그는 유다가 바벨론 제국에 항복해야 한다고 권고했고 유다 백성들이 가장 미워했던 대적인 느부갓네살을 "주의 종"이라고 불렀다(렘 25:9; 27:6). 더구나 그는 그의 동료들에게 대적에게 항복하라고 설득했고, 반역죄로 고소를 당했다.

때때로 그는 자신의 사역의 비참함에 대해서 하나님께 불평했다. 그러나 이스라엘의 타락한 상황에 대한 슬픔과 끊임없이 부딪치는 어려움에도 불구하고 끝까지 하나님의 말씀을 신실하게 증거 했다. 너무나 울어서 그는 "눈물의 선지자"라는 별칭도 얻었다.

많은 그리스도인들이 하나님의 일에 오랜 기간 헌신하는 것을 어려워한다. 그러나 예레미야는 수많은 어려움에도 불구하고 자신의 일을 끝까지 수행하는 것에 좋은 모범이 된다. 예레미야처럼 우리도 기꺼이 수많은 반대 속에서도 홀로 서서 하나님의 말씀을 선포하고 신실하게 하나님의 말씀에 순종해야 한다.

1 예레미야의 소명

예레미야 1:1-10을 읽으라.

1) 당신은 그리스도를 전하라는 성경 말씀을 대할 때 '나는 할 수 없어! 한 번도 훈련받은 적이 없는데 어떻게 해.'라고 생각해 본 적이 있는가? 예레미야는 어떻게 말했는가?(렘 1:6)

2) 하나님은 예레미야에게 무엇을 약속해 주셨는가? 효과적으로 전도하려면 할 말이 있어야 한다. 우리는 어디에서 그 말을 받게 되는가? (렘 1:6-10)

> 예레미야 1:6-10 6내가 이르되 슬프도소이다 주 여호와여 보소서 나는 아이라 말할 줄을
> 알지 못하나이다 하니 7여호와께서 내게 이르시되 너는 아이라 말하지 말고 내가 너를
> 누구에게 보내든지 너는 가며 내가 네게 무엇을 명령하든지 너는 말할지니라 8너는 그들
> 때문에 두려워하지 말라 내가 너와 함께 하여 너를 구원하리라 나 여호와의 말이니라 하시고
> 9여호와께서 그의 손을 내밀어 내 입에 대시며 여호와께서 내게 이르시되 보라 내가 내 말을
> 네 입에 두었노라 10보라 내가 오늘 너를 여러 나라와 여러 왕국 위에 세워 네가 그것들을 뽑고
> 파괴하며 파멸하고 넘어뜨리며 건설하고 심게 하였느니라 하시니라

오늘날 하나님께서는 우리에게 어떻게 할 말을 가르쳐주시는가? (마 10:18-20; 엡 5:17-18)

마태복음 10:18-20 [18]또 너희가 나로 말미암아 총독들과 임금들 앞에 끌려 가리니 이는 그들과 이방인들에게 증거가 되게 하려 하심이라 [19]너희를 넘겨 줄 때에 어떻게 또는 무엇을 말할까 염려하지 말라 그 때에 너희에게 할 말을 주시리니 [20]말하는 이는 너희가 아니라 너희 속에서 말씀하시는 이 곧 너희 아버지의 성령이시니라

에베소서 5:17-18 [17]그러므로 어리석은 자가 되지 말고 오직 주의 뜻이 무엇인가 이해하라 [18]술 취하지 말라 이는 방탕한 것이니 오직 성령으로 충만함을 받으라

만일 하나님의 말씀이 우리 마음에 있고 우리가 성령의 지배를 받는다면, 성령께서 우리가 모든 사람에게 알맞은 대답을 하도록 할 말을 주실 것이다(요 14:26; 골 4:5-6).

3) 예레미야가 받았던 강렬한 박해가 우리나라에는 별로 없지만 세계 여러 곳에서는 많이 일어나고 있다. 다음의 구절들이 우리가 직면하는 상황들을 극복하도록 어떻게 도울 수 있을까? (렘 1:8, 18-19)

예레미야 1:8 너는 그들 때문에 두려워하지 말라 내가 너와 함께 하여 너를 구원하리라 나 여호와의 말이니라 하시고

예레미야 1:18-19 [18]보라 내가 오늘 너를 그 온 땅과 유다 왕들과 그 지도자들과 그 제사장들과 그 땅 백성 앞에 견고한 성읍, 쇠기둥, 놋성벽이 되게 하였은즉 [19]그들이 너를 치나 너를 이기지 못하리니 이는 내가 너와 함께 하여 너를 구원할 것임이니라 여호와의 말이니라

2 예레미야의 체포와 기도

예레미야 19:14-15를 읽으라. 14절을 보면, 예레미야가 말한 내용뿐 아니라 그 장소와 대상도 하나님의 직접적인 인도하심을 받았음을 알 수 있다. 이것이 예레미야가 효율적으로 사역했던 비결 중 하나이다. 그 비결은 하나님의 성령으로 충만한 것이다. 하나님은 우리를 인도하셔서 그분이 말씀하시기 원하는 사람들에게로 나아가게 하실 것이다. 결과적으로 성령 충만한 그리스도인들은 주어진 모든 기회에 사람들에게 그들의 믿음을 전한다. 사도 바울은 골로새서 1:28에서 "우리는 가는 곳마다 들으려고 하는 모든 사람들에게 그리스도를 전한다."고 기록하고 있다.

예레미야 19:14-15 14예레미야가 여호와께서 자기를 보내사 예언하게 하신 도벳에서 돌아와 여호와의 집 뜰에 서서 모든 백성에게 말하되 15만군의 여호와 이스라엘의 하나님께서 이와 같이 말씀하시되 보라 내가 이 성읍에 대하여 선언한 모든 재앙을 이 성읍과 그 모든 촌락에 내리리니 이는 그들의 목을 곧게 하여 내 말을 듣지 아니함이라 하시니라

15절은 당시 사람들이 싫어했던 예레미야의 메시지의 요약이다. 수도인 예루살렘에 대한 정죄, 바벨론 군대가 이 도시를 파괴할 것이라는 예언, 하나님이 원수 편에 서셨으니 바벨론에게 항복하고 멸망의 공포를 피할 것을 그는 백성들에게 권고했다.

예레미야 20장을 읽으라.

1) 사람들이 예레미야에게 가한 형벌이 예레미야의 증거에 어떤 영향을 미쳤는가? (렘 20:1-6) 또한 예레미야를 괴롭힌 바스훌은 어떤 형벌을 받게되었는가?

주위에 돕는 이가 없이 홀로 하나님과 동행할 때 예레미야로부터 얻는 교훈들은 무엇인가?

· 하나님의 성실하심(애 3:22-23)
· 고통을 극복케 하시는 하나님의 자비(시 103:17-18)
· 인간의 연약함에 대한 하나님의 은혜(고후 12:9-10)
· 사람보다 하나님을 신뢰함(히 10:35-36)
· 주님을 더 알고 사랑하게 되는 깊은 교제(렘 24:7)

2) 예레미야서에는 한 단락이 갑작스럽게 삽입되는 예가 전체적으로 나타난다. 20:7-18도 그중의 한 예로 예레미야가 기도한 내용이다. 이 기도는 공중 앞에서 두려움 없이 말씀을 선포했던 예레미야에 대해서 무엇을 말해주는가?

예레미야의 기도의 예는 그가 능력 있는 주님의 증인이었지만, 내적인 두려움과 의심이 있었고 그것들을 기도로 해결해야 한다는 사실을 말해준다. 사실, 그는 자신의 무능력함과 아울러 하나님의 무한한 능력을 잘 알고 있었다. 그는 아무것도 숨기지 않고 살아 계신 하나님 앞에 자신을 완전히 열어 놓았다. 그는 하나님 안에 거했다. 마치 폭풍우 속의 나뭇가지들이 줄기에 의지하고 있듯이 그는 주님께 모든 것을 의탁하였다(요 15:4-5). 그가 두려움 없이 많은 사람 앞에서 설 수 있었던 이유는 개인적인 깊은 기도를 통해 그 두려움을 극복했기 때문이다(참고, 빌 4:6-7; 벧전 5:7).

3) 그의 메시지가 계속 거부를 당하자 그가 생각한 것은 무엇인가? (20:8-9)

그런데 예레미야는 왜 자신의 생각을 실천하지 못했는가?

4) 그의 원수들은 예레미야를 어떻게 이길 수 있다고 생각했는가? (렘 20:10)

예레미야 20:10 나는 무리의 비방과 사방이 두려워함을 들었나이다 그들이 이르기를 고소하라 우리도 고소하리라 하오며 내 친한 벗도 다 내가 실족하기를 기다리며 그가 혹시 유혹을 받게 되면 우리가 그를 이기어 우리 원수를 갚자 하나이다

5) 어떤 생각이 그의 확신을 회복시켜 주었는가? (렘 20:11)

예레미야 20:11 그러하오나 여호와는 두려운 용사 같으시며 나와 함께 하시므로 나를 박해하는 자들이 넘어지고 이기지 못할 것이오며 그들은 지혜롭게 행하지 못하므로 큰 치욕을 당하오리니 그 치욕은 길이 잊지 못할 것이니이다

6) 예레미야의 태도와 주님을 전하면서 당신이 경험한 것과 어떻게 관련지을 수 있을까? 예레미야의 본이 당신에게 어떤 도움이 되는가?

3 예레미야의 예언

예레미야 21장을 읽으라.

1) 예레미야가 하나님께 순종하는 데에 그의 실망감과 좌절감이 어떤 영향을 끼쳤다고 생각하는가?

2) 왕이 위로와 국가의 안전을 보장해 달라는 기도를 요청했을 때 예레미야는 어떻게 반응했는가? (21:1-7)

3) 예레미야는 그 청중들이 어떤 결단을 해야 한다고 선언했는가? (21:8-14)

우리는 하나님이 어려움들을 해결해주시기 때문이 아니라 예레미야처럼, '그리스도의 사랑이 우리를 강권하시기에'(고후 5:14) 충성스런 주의 일꾼이 된다. 우리가 받은 것은 인간적 성공을 훨씬 초월하는 것이다. 예레미야는 하나님과 인격적인 관계를 가지고 있었으며, 낙심할 수밖에 없는 상황에서도 자신의 감정에 따라 살지 않고 그가 사랑하는 주님께 순종하는 원칙을 따라 살았다. 고난은 우리 삶에 깊은 의미와 교훈을 가르쳐준다.

다음은 고난에 대한 로버트슨 맥도날드의 글과 저자 미상의 시이다.

"사람들은 고난이 없이는 사랑을 배우지 못합니다. 고난을 두려워하고 피하려는 사람은 지혜롭지 못합니다. 상처받는 것이 두려워 피하는 것은 어리석은 것입니다. 고통스런 일을 통해 능력이 탄생하며, 창조가 완성되며 죄인들이 구원을 받습니다. 그 탄생과 완성과 구원은 다른 방법으로는 도저히 얻을 수 없습니다." – 로버트슨 맥도날드 로버트슨(Robertson J. D.), Handbook of Preaching Resources English Literature, 맥밀란 출판사, 1962, p.222.

내가 당한 쓰라린 일들로 인해 주님께 감사합니다.
그 쓰라림은 나를 은혜의 장소로 인도해 준 친구이며,
안이한 길에서 폭풍우 가운데 피난처로 나를 몰고 갑니다.
나를 실망시킨 친구들로 인해서도 주님께 감사하니,
그 실망은 나를 구주의 발 아래로 인도하여
내 마음이 흡족히 주의 사랑을 맛보게 하기 때문입니다.
누구도 만족시켜주지 못하는 모든 길목에서도 주님께 감사하니,
참으로 주 안에서만 내가 풍성함과 부유함을 발견하기 때문입니다!

–작자 미상–

[보충자료]

＊ **예레미야에 대하여**

유다의 요시야 왕 13년에 예레미야는 선지자 사역을 시작했다(B.C. 626). 유다는 멸망해가는 앗수르, 강성해지는 바벨론, 야망에 찬 애굽 사이에서 투쟁하고 있었다. 예레미야는 유다의 죄악을 벌하기 위해 하나님께서 바벨론을 도구로 사용하신다는 것과 애굽이 바벨론에게 패배할 것을 알고 있었다.

예레미야가 선지자 사역을 시작할 때 용기를 북돋우어 주는 두 가지 사건이 일어났다. B.C. 621년에 요시야 왕이 우상과 부정을 척결하는 종교개혁을 시작했다. 나라 전체에 영적 부흥이 일어났고 예레미야는 바벨론의 침략을 피하기 위해서는 오직 회개하는 길밖에 없다고 선포했다.

당시의 다른 선지자들도 예레미야와 같은 예언을 하였다. 스바냐(B.C. 640-621)와 하박국(B.C. 625-608)도 회개하지 않으면 바벨론에게 멸망할 것이라고 외쳤다. 유다를 침략한 에돔이(예레미야 시대 이전) 하나님의 심판을 받을 것이라고 오바댜가 예언했으며 나훔은 앗수르와 수도 니느웨가 멸망할 것을 예언했다.

B.C. 626년에서 586년 사이의 40년 동안 예레미야는 충실하게 하나님의 사역을 수행했다. 수십 년 전에 이사야가 예루살렘에서 선지자 사역을 했다. 이사야의 사역으로 앗수르 왕 산헤립이 주의 사자에게 포위당하고 군사 183,000명이 하룻밤에 전멸되었다(왕하 19:35). 이때가 B.C. 701년이었다. 북 왕국 이스라엘은 앗수르에 의해 멸망당해 대부분의 백성들이 추방되었다. 이제 바벨론의 심판의 칼이 예루살렘까지 위협했다. 유다가 이스라엘의 전철을 밟아 우상숭배와 죄악의 길을 걸음으로 결국 B.C. 597년에 유다 왕 여호야김이 바벨론 왕 느부갓네살에게 항복하고 여호야김과 많은 백성들이 바벨론 포로로 잡혀갔다. B.C. 586년 느부갓네살 왕은 자신이 여호야김의 후계자로 세운 시드기야가 애굽과 조약을 맺었다는 이유로 예루살렘을 포위하고 함락시켰다. 극빈자들을 제외한 모든 백성이 바벨론의 포로로 끌려갔다(렘 29:4-10).

한 가지 의문점은 예레미야의 초기 사역 기간 동안 모든 백성들이 하나님의 말씀을 듣고 순종했는데 어떻게 그 나라가 그토록 속히 멸망하게 되었는가 하는 점이다. 열왕기하 23:28-30과 역대하 35:20-27을 보면 그 이유를 알 수 있다. 마지막 영적인 왕이었던 요시야가 애굽 왕 바로 느고를 공격하다가(대하 3:22) 목숨을 잃었다. 그가 죽자 왕위는 제대로 계승되지 못했고, 위대한 개혁은 쇠퇴했으며, 예레미야의 예언을 거부하는 사악한 왕들이 뒤를 잇게 되었다.

예레미야를 눈물의 선지자라고 부른다(렘 9:1, 10; 14:17). 예레미야 2-20장을 보면 그의 예언은 항상 거부당했고 심지어 그가 경고했던 예루살렘의 멸망 후에도 사람들은 그의 예언을 받아들이지 않았다. 그는 예루살렘이 포위당하기 전, 포위당하여 항복했을 때, 그리고 함락된 이후에도 유대의 남은 백성들에게 회개를 촉구했다. 그러나 그 백성들은 예레미야가 전하는 하나님의 말씀을 듣지 않고 애굽으로 도망갔으며 예레미야도 데리고 갔다.

그는 유대인들과 함께 고난을 받으며 살다가, 전설에 의하면 5년 후 애굽의 다바네스에서 유대인들에게 돌에 맞아 죽었다고 한다. 하나님과 동등 됨을 취할 것으로 여기지 아니하고 오히려 자기를 비어 종의 형체를 가져 죽기까지 복종하신 그리스도(빌 2:5-11)와 얼마나 유사한 모습인가! 이것은 디모데후서 4:16-18에 나타난 바울의 삶과도 일맥상통한다.

예레미야는 유다의 예언자들과 포로기간의 예언자들(다니엘, 에스겔)을 연결시켜주는 다리 역할을 했다. 그는 70년간의 바벨론 포로 생활 후 이스라엘 백성이 다시 가나안 땅에 돌아올 것을 예언하여(렘 23:6; 50:1-10) 다니엘에게 영감을 주었다. 다니엘이 그 예언을 읽고 기도하기 시작하였고(단 9:2), 기도하는 중 그는 유명한 '70이레의 환상'을 보았다. 그 환상은 그리스도가 오셔서 속죄를 완성하시고 통치하심에 대한 내용이다. 예레미야는 그 당시 주위의 격려나 위로나 교제함도 없이 외롭게 선지자의 일을 하였고 다니엘과 다른 선지자들 그리고 현재 우리들에게까지 영감을 주고 있다.

적 용

1. 이 과에서 당신에게 가장 의미 있는 것은 무엇인가?

2. 다음 도표에 당신이 현재 겪고 있는 낙담되는 상황들과 또 예레미야의 생애를 통해 배운 것들 중에 이 상황들을 잘 대처하도록 도와주었던 교훈들을 적어보라.

낙담되는 상황들	예레미야로부터 배운 교훈

외울 말씀 예레미야 23:29
여호와의 말씀이니라 내 말이 불 같지 아니하냐 바위를 쳐서 부스러뜨리는 방망이 같지 아니하냐

읽을 말씀 예레미야 1, 20, 21장

제9과

성막의 영적 비밀

학 습 목 표 : 성막이 어떻게 그리스도의 사역을 나타내는지를 이해할 수 있다.

구약시대의 하나님의 지상 거처는 성막이었다. 물론 하나님은 어떤 한 장소에 제한을 받지 않으시지만, 성막은 하나님이 대제사장을 만나시는 장소였다. 성막과 그 기물들은 우리에게 많은 교훈을 준다. 아래 그림을 잘 살펴보면, 성막의 넓은 뜰, 성소, 지성소, 이 세 개의 영역을 볼 수 있다. 각 영역은 커튼으로 가려져 있다. 이스라엘 백성이 약속의 땅에 정착한 후 솔로몬이 성전을 지었을 때, 그는 조심스럽게 하나님의 지시를 따라 성전의 내부를 성막과 같은 모양으로 만들었다.

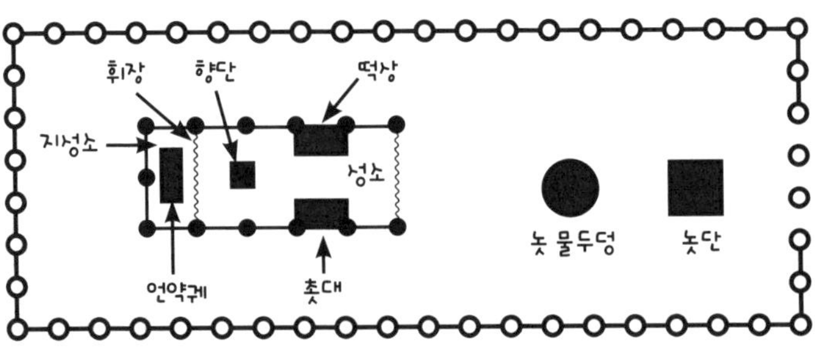

성막의 기구들을 살펴보자. 첫 번째는 희생과 속죄를 위해 사용되어진 놋 단이다. 그 다음은 대제사장이 손과 발을 씻는데 사용된 물두멍이 있다. 그리고 성소로 들어섰을 때 오른쪽에 떡 상과 왼쪽에 촛대가 놓여 있다. 앞쪽 정면에는 향단이 있다. 이 향단 너머에는 대제사장 외에는 어느 누구도 지성소를 볼 수 없도록 휘장으로 막아 놓았다. 지성소에는 하나님의 임재의 상징인 언약궤가 있다.

이 과를 공부할 때 하나님께서 예배와 제사뿐만 아니라 그가 세상에 보내신 아들을 예시하기 위해서 이 장막을 어떻게 준비하셨는지 알게 될 것이다.

1 성막의 기구들

출애굽기 25-27장을 읽으라.

1) 놋 단

(1) 출애굽기 29:36-37을 읽고 놋 단이 어떻게 사용되었는지 적어보라.

출애굽기 29:36-37 36매일 수송아지 하나로 속죄하기 위하여 속죄제를 드리며 또 제단을 위하여 속죄하여 깨끗하게 하고 그것에 기름을 부어 거룩하게 하라 37너는 이레 동안 제단을 위하여 속죄하여 거룩하게 하라 그리하면 지극히 거룩한 제단이 되리니 제단에 접촉하는 모든 것이 거룩하리라

(2) 놋 단을 왜 출입구 바로 앞에 두었다고 생각하는가?

(3) 히브리서 13:10-16을 읽으라. 놋 단은 그리스도의 희생을 어떻게 반영하는가?

히브리서 13:10-16 10우리에게 제단이 있는데 장막에서 섬기는 자들은 그 제단에서 먹을
권한이 없나니 11이는 죄를 위한 짐승의 피는 대제사장이 가지고 성소에 들어가고 그 육체는
영문 밖에서 불사름이라 12그러므로 예수도 자기 피로써 백성을 거룩하게 하려고 성문 밖에서
고난을 받으셨느니라 13그런즉 우리도 그의 치욕을 짊어지고 영문 밖으로 그에게 나아가자
14우리가 여기에는 영구한 도성이 없으므로 장차 올 것을 찾나니 15그러므로 우리는 예수로
말미암아 항상 찬송의 제사를 하나님께 드리자 이는 그 이름을 증언하는 입술의 열매니라
16 오직 선을 행함과 서로 나누어 주기를 잊지 말라 하나님은 이같은 제사를 기뻐하시느니라

(4) 히브리서 13:10-16에 따르면 우리는 어떤 제사를 드려야 하는가?

성경은 성막을 하나님의 거하시는 곳이라고 말한다. 하나님께서 이곳에서 상징적으로 실제적으로 사람을 만나셨기 때문이다. 상징적으로는 성막의 기구들과 제사의식을 통해서 하나님 자신을 나타내 보이셨고, 실제적으로는 성막을 둘러싼 구름을 통해 나타내셨다.

제사장들은 하루에 두 번 흠 없는 양의 피와 고기 등을 제단 위에서 불살랐다. 이 희생제물은 성 밖으로 가져가지 못하고 완전히 불태워야 했다. 이것은 예수님이 예루살렘 밖 골고다에서 죽으신 수치스런 죽음을 상징한다.

예수님의 희생은 실제로 죄를 완전히 해결하는 유일한 제사이다. 제사장이 놋단에서 드린 희생제사는 그리스도가 십자가에서 모든 죄를 씻으신 "한 영원한 제사"(히 7:26-28; 10:11-18)를 예시하는 것이다.

2) 놋 물두멍

(1) 출애굽기 30:18-21을 읽고 놋 물두멍과 그 용도를 설명해 보라.

출애굽기 30:18-21 [18]너는 물두멍을 놋으로 만들고 그 받침도 놋으로 만들어 씻게 하되 그것을
회막과 제단 사이에 두고 그 속에 물을 담으라 [19]아론과 그의 아들들이 그 두멍에서 수족을 씻
되 [20]그들이 회막에 들어갈 때에 물로 씻어 죽기를 면할 것이요 제단에 가까이 가서 그 직분을
행하여 여호와 앞에 화제를 사를 때에도 그리 할지니라 [21]이와 같이 그들이 그 수족을 씻어 죽
기를 면할지니 이는 그와 그의 자손이 대대로 영원히 지킬 규례니라

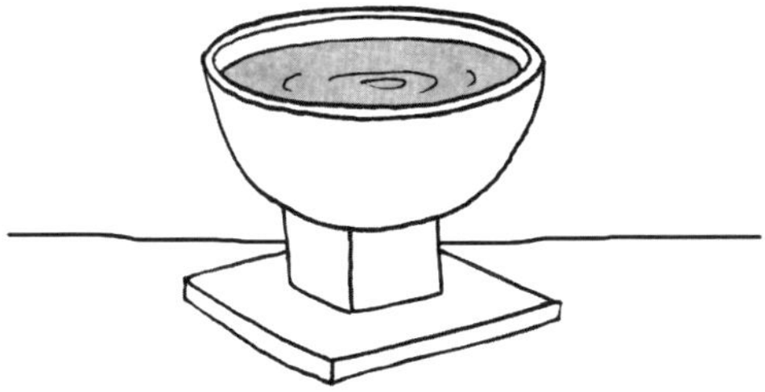

(2) 물두멍의 역할과 그리스도의 사역의 유사함을 에베소서 5:25-27을 통해 살펴보자.

에베소서 5:25-27 [25]남편들아 아내 사랑하기를 그리스도께서 교회를 사랑하시고 그 교회를
위하여 자신을 주심 같이 하라 [26]이는 곧 물로 씻어 말씀으로 깨끗하게 하사 거룩하게 하시고
[27]자기 앞에 영광스러운 교회로 세우사 티나 주름 잡힌 것이나 이런 것들이 없이 거룩하고 흠
이 없게 하려 하심이라

① 그리스도는 교회를 얼만큼 사랑하셨는가?

② 그리스도가 교회를 위하여 죽으심으로 어떤 일이 일어났는가?

③ 26절의 '물로 씻었다'는 무슨 의미인가? 또한 이것과 물두멍과의 관계는 무엇인가?

④ 구약에서는 실제 물로 씻었지만 우리는 어떻게 거룩함을 유지하는가? (26절)

⑤ 거룩의 궁극적 목적은 무엇인가? (27절)

(3) 제사장들이 놋 물두멍에서 한 일은 우리가 이미 깨끗해졌다는 것을 알 수 있도록 어떻게 돕는가?

(4) 왜 놋 물두멍을 놋 단과 성소 사이에 두었는가?

3) 떡 상

(1) 출애굽기 25:23-30과 레위기 24:5-9을 읽으라. 떡 상과 그 용도를 설명하라.

(2) 어떻게 떡이 그리스도를 상징하는가? (요 6:32-35, 50-51)

(3) 하나님은 그리스도인인 우리를 제사장으로 삼으셨다(계 1:6). 우리가 주의 성찬에 참여할 때 그 떡에 대한 우리의 태도는 어떠해야 하는가? (고전 11:23-24)

금은 순결을 상징하고, 유향(제사 의식에서 향기를 내기 위해 사용된 나무의 진, 송진, 수지)은 기억을 위한 것이다. 요한복음 19:39-42에 나오는 몰약(향을 내는 수액)은 예수님의 시체를 장사지낼 때 사용되었다. 동방 박사들이 가져온 선물인 몰약은 그리스도의 죽음과 장사를 상징한다.

4) 촛대

(1) 출애굽기 25:31-40; 27:20-21을 읽으라. 촛대와 그 용도를 설명하라.

출애굽기 27:20-21 [20]너는 또 이스라엘 자손에게 명령하여 감람으로 짠 순수한 기름을 등불을 위하여 네게로 가져오게 하고 끊이지 않게 등불을 켜되 [21]아론과 그의 아들들로 회막 안 증거궤 앞 휘장 밖에서 저녁부터 아침까지 항상 여호와 앞에 그 등불을 보살피게 하라 이는 이스라엘 자손이 대대로 지킬 규례이니라

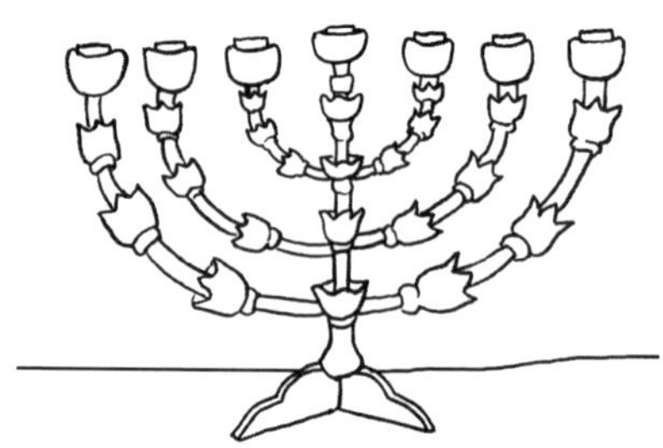

(2) 이것이 어떻게 예수님을 상징하는가? (요 8:12)

요 8:12 예수께서 또 말씀하여 이르시되 나는 세상의 빛이니 나를 따르는 자는 어둠에 다니지 아니하고 생명의 빛을 얻으리라

(3) 이것이 오늘날 우리 생활과 어떤 관련이 있는가? (요 12:35-36)

요한복음 12:35-36 35예수께서 이르시되 아직 잠시 동안 빛이 너희 중에 있으니 빛이 있을 동
안에 다녀 어둠에 붙잡히지 않게 하라 어둠에 다니는 자는 그 가는 곳을 알지 못하느니라 36너
희에게 아직 빛이 있을 동안에 빛을 믿으라 그리하면 빛의 아들이 되리라 예수께서 이 말씀을
하시고 그들을 떠나가서 숨으시니라

5) 향단

(1) 출애굽기 30:1-8을 읽으라. 향단과 그 용도를 설명하라.

출 30:1-8 1너는 분향할 제단을 만들지니 곧 조각목으로 만들되 2길이가 한 규빗, 너비가 한
규빗으로 네모가 반듯하게 하고 높이는 두 규빗으로 하며 그 뿔을 그것과 이어지게 하고 3제단
상면과 전후 좌우 면과 뿔을 순금으로 싸고 주위에 금 테를 두를지며 4금 테 아래 양쪽에 금
고리 둘을 만들되 곧 그 양쪽에 만들지니 이는 제단을 메는 채를 꿸 곳이며 5그 채를 조각목으로
만들고 금으로 싸고 6그 제단을 증거궤 위 속죄소 맞은편 곧 증거궤 앞에 있는 휘장 밖에 두라
그 속죄소는 내가 너와 만날 곳이며 7아론이 아침마다 그 위에 향기로운 향을 사르되 등불을
손질할 때에 사를지며 8또 저녁 때 등불을 켤 때에 사를지니 이 향은 너희가 대대로 여호와
앞에 끊지 못할지며

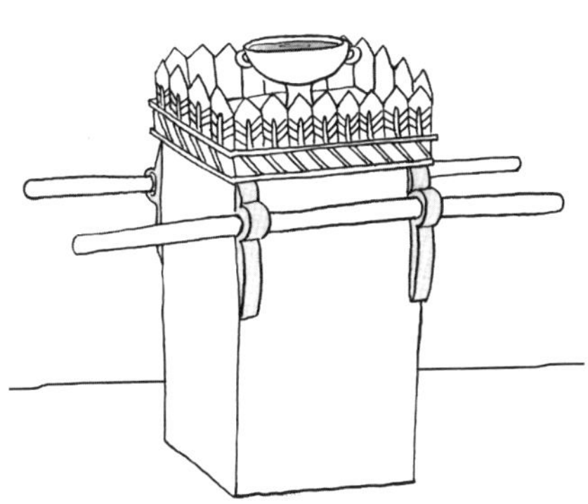

(2) 향단은 하나님 앞에 드려지는 향기인 우리의 기도를 생각나게 한다. 요한계시록 8:3-4에 의하면 우리의 기도는 어떻게 되는가?

요한계시록 8:3-4 [3]또 다른 천사가 와서 제단 곁에 서서 금향로를 가지고 많은 향을 받았으니 이는 모든 성도의 기도와 합하여 보좌 앞 금 제단에 드리고자 함이라 [4]향연이 성도의 기도와 함께 천사의 손으로부터 하나님 앞으로 올라가는지라

(3) 우리가 기도할 때 어떠한 태도를 가져야 하는가? (시 141:2)

시편 141:2 나의 기도가 주의 앞에 분향함과 같이 되며 나의 손 드는 것이 저녁 제사 같이 되게 하소서

(4) 떡상과 촛대와 향단을 왜 성소 안에 둔다고 생각하는가?

6) 언약궤

(1) 지성소는 휘장으로 가려져 있었다. 그 안에는 하나님의 임재의 상징인 언약궤가 있다. 언약궤 안에 무엇을 두었는가? (히 9:4)

히브리서 9:3-4 [3]또 둘째 휘장 뒤에 있는 장막을 지성소라 일컫나니 [4]금향로와 사면을 금으
로 싼 언약궤가 있고 그 안에 만나를 담은 금 항아리와 아론의 싹난 지팡이와 언약의 돌판들
이 있고

만나는 하나님께서 이스라엘 백성의 필요를 채우신다는 것을 기억하게 하는 것이었다. 아론의 지팡이는 하나님이 그의 백성을 기적적으로 구원하심을 생각나게 하는 것이다. 돌판은 하나님의 백성의 삶의 원리인 십계명을 보여 준다.

(2) 언약궤 위에는 무엇이 있었는가? (5절)

히브리서 9:5 그 위에 속죄소를 덮는 영광의 그룹들이 있으니 이것들에 관하여는 이제 낱낱이 말할 수 없노라

속죄소는 오직 은혜를 통해서만 하나님께 나아갈 수 있음을 상징한다.

(3) 지성소에 들어가도록 유일하게 허용된 사람은 누구인가? (6-7절)

히브리서 9:6-7 [6]이 모든 것을 이같이 예비하였으니 제사장들이 항상 첫 장막에 들어가 섬기는 예식을 행하고 [7]오직 둘째 장막은 대제사장이 홀로 일 년에 한 번 들어가되 자기와 백성의 허물을 위하여 드리는 피 없이는 아니하나니

(4) 언약궤가 다른 기구들과 구별되는 이유는 무엇인가?

(5) 언약궤를 다른 기구들과 구별하여 지성소에 둔 이유는 무엇인가?

2 대제사장으로서 그리스도

출애굽기 40장을 읽으라.

1) 성막이 어떻게 세워졌으며 정결하게 되었는가?

구름은 어떤 의미를 갖는가? (33-34절)

출 40:33-34 33그는 또 성막과 제단 주위 뜰에 포장을 치고 뜰 문에 휘장을 다니라 모세가 이같이 역사를 마치니 34구름이 회막에 덮이고 여호와의 영광이 성막에 충만하매

2) 아론은 어떤 역할을 했는가? (12-15절)

출40:12-15 [12]너는 또 아론과 그 아들들을 회막 문으로 데려다가 물로 씻기고 [13]아론에게
거룩한 옷을 입히고 그에게 기름을 부어 거룩하게 하여 그가 내게 제사장의 직분을 행하게
하라 [14]너는 또 그 아들들을 데려다가 그들에게 겉옷을 입히고 [15]그 아버지에게 기름을 부음
같이 그들에게도 부어서 그들이 내게 제사장의 직분을 행하게 하라 그들이 기름 부음을
받았은즉 대대로 영영히 제사장이 되리라 하시매

3) 그리스도께서 돌아가셨을 때 휘장은 어떻게 되었는가? (마 27:50-51)

마태복음 27:50-51 [50]예수께서 다시 크게 소리 지르시고 영혼이 떠나시니라 [51]이에 성소
휘장이 위로부터 아래까지 찢어져 둘이 되고 땅이 진동하며 바위가 터지고

이것은 무엇을 의미하는가?

4) 그리스도가 왜 마지막 대제사장이신지 설명하라. (히 9:6-14)

히브리서 9:6-14 6이 모든 것을 이같이 예비하였으니 제사장들이 항상 첫 장막에 들어가
섬기는 예식을 행하고 7오직 둘째 장막은 대제사장이 홀로 일 년에 한 번 들어가되 자기와
백성의 허물을 위하여 드리는 피 없이는 아니하나니 8성령이 이로써 보이신 것은 첫 장막이
서 있을 동안에는 성소에 들어가는 길이 아직 나타나지 아니한 것이라 9이 장막은 현재까지의
비유니 이에 따라 드리는 예물과 제사는 섬기는 자를 그 양심상 온전하게 할 수 없나니 10이런
것은 먹고 마시는 것과 여러 가지 씻는 것과 함께 육체의 예법일 뿐이며 개혁할 때까지 맡겨
둔 것이니라 11그리스도께서는 장래 좋은 일의 대제사장으로 오사 손으로 짓지 아니한 것 곧
이 창조에 속하지 아니한 더 크고 온전한 장막으로 말미암아 12염소와 송아지의 피로 하지
아니하고 오직 자기의 피로 영원한 속죄를 이루사 단번에 성소에 들어가셨느니라 13염소와
황소의 피와 및 암송아지의 재를 부정한 자에게 뿌려 그 육체를 정결하게 하여 거룩하게
하거든 14하물며 영원하신 성령으로 말미암아 흠 없는 자기를 하나님께 드린 그리스도의 피가
어찌 너희 양심을 죽은 행실에서 깨끗하게 하고 살아 계신 하나님을 섬기게 하지 못하겠느냐

5) 옛 언약과 새 언약을 비교해 보라. (히 9:15-23)

히9:18-23 18이러므로 첫 언약도 피 없이 세운 것이 아니니 19모세가 율법대로 모든 계명을 온
백성에게 말한 후에 송아지와 염소의 피 및 물과 붉은 양털과 우슬초를 취하여 그 두루마리와
온 백성에게 뿌리며 20이르되 이는 하나님이 너희에게 명하신 언약의 피라 하고 21또한 이와
같이 피를 장막과 섬기는 일에 쓰는 모든 그릇에 뿌렸느니라 22율법을 따라 거의 모든 물건이
피로써 정결하게 되나니 피흘림이 없은즉 사함이 없느니라 23그러므로 하늘에 있는 것들의
모형은 이런 것들로써 정결하게 할 필요가 있었으나 하늘에 있는 그것들은 이런 것들보다 더
좋은 제물로 할지니라

옛 언약은 구약성경의 이스라엘 백성들에게 주어졌다. 옛 언약은 시내산에서 모세가 중보자 역할을 했다. 하나의 조건은 언약의 법에 순종하는 것이다.

제단과 이 법에 순종하겠다고 동의하는 백성에게 뿌려진 피는 언약을 맺었음을 인치는(도장을 찍는) 것이다(출 24:4-8). 그러나 이스라엘의 역사를 통해서 그들은 하나님의 법을 인간 스스로의 힘으로는 순종할 수 없다는 것을 증명해준다. 이때 하나님은 이미 새 언약을 준비하셨다. 예레미야 선지자는 새 언약을 예언했다(렘 31:31-34). 새 언약은 갈보리에서 희생된 예수 그리스도의 피로 인을 쳤다.

우리는 예수 그리스도를 구주로 받아들임으로서 새 언약에 참여했다. 그리고 우리의 죄가 용서를 받았기 때문에 우리는 하나님의 성전이 되었다. 성령이 우리 안에 거하셔서 "내가 나의 법을 그들의 속에 두며 그들의 마음에 기록할 것이다" 라는 예레미야 선지자를 통한 새 언약의 말씀이 이루어졌다, 이제는 하나님의 법에 순종함을 통해 하나님께 나아가는 것이 아니라, 성령을 통해 마음이 새로워 게 되었다(고후 3:7-18; 4:16-18).

6) 그리스도는 희생 제물이며 동시에 대제사장이다. 히브리서 9:24-28을 읽으라. 어떻게 이 것이 가능했는지 설명해보라.

히 9:24-28 24그리스도께서는 참 것의 그림자인 손으로 만든 성소에 들어가지 아니하시고 바로 그 하늘에 들어가사 이제 우리를 위하여 하나님 앞에 나타나시고 25대제사장이 해마다 다른 것의 피로써 성소에 들어가는 것 같이 자주 자기를 드리려고 아니하실지니 26그리하면 그가 세상을 창조한 때부터 자주 고난을 받았어야 할 것이로되 이제 자기를 단번에 제물로 드려 죄를 없이 하시려고 세상 끝에 나타나셨느니라 27한번 죽는 것은 사람에게 정해진 것이요 그 후에는 심판이 있으리니 28이와 같이 그리스도도 많은 사람의 죄를 담당하시려고 단번에 드리신 바 되셨고 구원에 이르게 하기 위하여 죄와 상관 없이 자기를 바라는 자들에게 두 번째 나타나시리라 이것은 우리에게 어떠한 소망을 주는가?

7) 우리가 그리스도를 위해 승리하는 삶을 살아갈 때 그리스도인의 생활에 있어서 적절한 영적 순서가 있다는 것을 기억해야 한다. 이 연속성에 대해 성막이 우리에게 가르쳐 주는 것은 무엇인가?

[보충자료 1]

이스라엘 백성의 성막

출애굽기 25-27장을 읽으라.

성막과 그 기물들은 우리에게 많은 사실을 가르쳐 주고 있다. 출입구에 있는 놋제단은 희생과 속죄를 위해서 사용되었다. 이것은 우리가 맨 처음 속죄를 위해서 희생이 중요하다는 것을 일게 해준다. 다음으로 놋 물두멍이 있는데, 그것은 몸(손과 발)을 깨끗이 씻는 데 사용되었다. 이것은 우리가 일상생활에서 날마다 지은 죄를 씻어야 할 필요성을 말해 준다. 다음에 성소로 들어서면 오른쪽에 떡 상이 놓여 있는데 그것은 두 가지 진리를 알려 준다. 즉 그리스도는 하늘에서 내려온 떡이며, 성경말씀은 사람이 매일 먹어야 하는 영적 양식이라는 사실이다.

왼쪽에는 그리스도 곧 세상의 빛을 생각하게 하는 촛대가 있다. 바로 앞에는 하나님께 드리는 향기인 우리의 기도를 기억하게 하는 향단이 있다. 그리고 성막 정면 앞에는 그리스도께서 돌아가실 때 위로부터 아래까지 찢어진 휘장이 있다. 그리스도를 믿는 사람에게는 하나님이 계시는 지성소에 들어가는 데 더 이상 어떤 장애물도 없다. 지성소 안에는 하나님이 이 땅에 임재하셨던 장소인 언약궤가 있다. 이와 같이 성막과 그 안의 기물들은 그리스도인으로 승리하는 삶을 살기 위해서는 신앙생활에 합당한 절차가 있음을 우리에게 보여 준다.

적용

1. 이 과에서 당신에게 가장 의미 있는 것은 무엇인가?

2. 구약성경을 공부한 것이 당신이 신약성경을 더 잘 이해하는 데 얼마나 도움이 되었는가?

3. 히브리서 10:19-25에 의하면, 예수님을 믿어 깨끗하게 된 후에 어떻게 살라고 말씀하시는가? 이 말씀에 비추어 내가 잘하고 있는 것은 무엇인가? 더 힘써야 할 것은 무엇인가?

히 10:19-25 19그러므로 형제들아 우리가 예수의 피를 힘입어 성소에 들어갈 담력을
얻었나니 20그 길은 우리를 위하여 휘장 가운데로 열어 놓으신 새로운 살 길이요 휘장은
곧 그의 육체니라 21또 하나님의 집 다스리는 큰 제사장이 계시매 22우리가 마음에 뿌림을
받아 악한 양심으로부터 벗어나고 몸은 맑은 물로 씻음을 받았으니 참 마음과 온전한
믿음으로 하나님께 나아가자 23또 약속하신 이는 미쁘시니 우리가 믿는 도리의 소망을
움직이지 말며 굳게 잡고 24서로 돌아보아 사랑과 선행을 격려하며 25모이기를 폐하는
어떤 사람들의 습관과 같이 하지 말고 오직 권하여 그 날이 가까움을 볼수록 더욱 그리하자

4. 성막을 통해서 배운 교훈은 무엇인가? 당신의 일상생활에 도움을 줄 수 있는 교훈은 무엇인가?

외울 말씀 히브리서 10:10
이 뜻을 따라 예수 그리스도의 몸을 단번에 드리심으로 말미암아 우리가 거룩함을 얻었노라

읽을 말씀 출애굽기 25-27장

[보충자료 2] 요약

1. 역사의 시작(1과)

1) 창세기 1:27에서 사람을 창조하실 때 '하나님의 형상대로'란 말의 의미는 무엇인가?

–인간은 다른 피조물들과는 다르다(창 9:6). 인간은 유일하게 의로움과 거룩함을 지녔다(창 1:31). 하나님께서 호흡을 불어넣어 인간에게 생명을 주셨다(창 2:7). 인간 육체 안에 생령 즉 살아 있는 영을 주셨다.

2) 인간의 원초적 선함에 어떠한 사건이 일어났는가? (창 2:17; 3:6; 롬 5:12)

–하와가 하나님의 말씀을 가감하여 사탄의 속임과 유혹에 넘어갔으며 아담 또한 하나님의 명령에 불순종했다.

이들은 하나님과의 교제가 끊어졌고 죄악으로 인해 두렵고 부끄러워했다. 그 후 그들은 죄악의 성품을 가진 자신들을 닮은 자손들을 낳게 되었다.

3) 아담과 하와의 불순종에 대한 하나님의 반응은 어떠했는가?

–하나님은 창 2:16–17에서 하신 말씀대로 그리고 갈라디아서 6:7–8의 진리대로 심판을 명하셨다. 그와 함께 하나님은 그의 은혜로 여자의 후손, 곧 그리스도를 통해 인간의 죄를 해결하는 길을 마련해 놓으셨다.

2. 아담에서 아브라함까지(2과)

1) 창세기 3:21을 보면 하나님께서는 인간에게 온전한 희생 제물을 이미 알려 주셨다는 사실을 알 수 있다.

희생 제물에 대한 가인과 아벨의 태도를 비교해 보라(창 4:1–7).

이들에게 일어난 치명적인 사건은 무엇인가?

–성경에 기록된 최초의 살인사건이다.

2) 노아는 주위의 반대에도 굽히지 않고 방주를 만들어 하나님께 대한 그의 신앙을 보여 주었다. 하나님께서는 그를 통해 무엇을 성취하셨는가? (히 11:7)

–하나님은 노아의 가족을 구원하시고, 세상을 심판하셨으며, 순종의 필요성을 가르쳐 주셨다.

3) 아브라함과 그의 두 아들인 이스마엘과 이삭은 하나님과 인간과의 관계를 그림처럼 보여준다. 즉, 인간은 육신의 자손으로 죄의 종이든지 약속의 자손으로 자유자이든지 둘 중의 하나이다.

창세기 5, 18, 21장은 이에 대한 역사적인 기록을 담고 있다. 또한 갈라디아서 4:21–31은 이것의 영적인 의미를 설명한다.

그 후 창세기 22:1–2에서 아브라함은 그의 약속의 아내 사라에게서 난 사랑하는 아들을 바치라는 명령을 받는다. 하나님께서는 왜 이러한 요구를 하셨을까?

–그의 믿음을 시험하기 위해.

창세기 22:8, 13을 어떻게 설명할 수 있을까?

–하나님은 필요한 희생 제물을 준비하신다. 이는 우리가 하나님의 약속을 신뢰할 수 있다는 사실을 보여주는 좋은 예이다.

이삭도 그리스도처럼 그의 아버지의 희생 제물이었다. 마태복음 26–28장에서 그리스도는 아버지의 희생 제물인 아브라함의 아들의 모습으로 우리에게 나타나신다.

3. 모세 : 유월절과 출애굽(3과)

아브라함의 손자 야곱은 기근을 피하기 위해 그의 가족들을 이끌고 애굽으로 내려갔다. 그 후 400년간 그의 후손은 크게 번성했다. 애굽에 새로운 왕이 일어났을 때, 왕은 히브리 민족의 인구가 늘어나자 염려되어 그들을 노예로 삼아 잔인하게 다스렸다.

출애굽기 1-2장에는 모세의 출생과 미디안으로 도망간 사건, 그리고 하나님께 구원을 부르짖는 히브리 민족의 외침이 기록되어 있다.

1) 히브리서 11:23-29절도 모세에 대해 말한다.
하나님께서 왜 모세를 백성의 인도자로 선택하셨는가?
-그는 믿음의 사람이었다.

2) 하나님께서 출애굽기 12:3-7, 12-13의 기록대로 이스라엘 장자들을 다룬 이유는 무엇인가?
-우리의 흠 없고 죄 없는 하나님의 어린 양이신 그리스도의 희생과 그 희생을 통한 우리의 구원을 보여 주기 위해.

3) 이스라엘 역사상 가장 중요한 사건인 출애굽은 유월절 이후 일어났다(출 12:41). 세계 역사상 가장 두드러지게 알려진 기적이 출애굽기 14장(21-22절을 보라)에 기록되어 있다.

이 사건이 여러분에게 가르쳐 주는 영적 진리는 무엇인가?
-하나님은 죄의 속박에서 우리를 구원하시며 파괴자인 사탄으로부터 우리를 지키실 것이다.

4. 율법과 은혜(4과)

1) 보통 '율법'이라 하면 어떤 것이 떠오르는가? (십계명 : 출 20:3-17)
2) 예수께서는 십계명을 두 개로 요약하셨다(마 22:37-40). 그것은 무엇인가?

(1) 마음과 목숨과 뜻을 다해 하나님을 사랑하라.

(2) 네 이웃을 네 몸과 같이 사랑하라.

3) 로마서 3:19-20에 따르면 율법은 무엇을 드러내는가?

-죄를 알게 해준다.

4) 율법과 은혜는 각기 다른 목적을 위해 우리에게 주어졌다. 우리는 율법이나 은혜 그 둘 중의 하나에 속해 있다. 그것들을 혼용할 수는 없다. 은혜는 우리의 노력과는 관계없이 우리를 향한 하나님의 자비와 사랑의 표시이다. 에베소서 2:8-9를 로마서 3:20과 비교해 보라. 어떻게 은혜를 얻을 수 있을까?

-우리는 그저 받아들이기만 하면 된다. 그것은 하나님이 우리에게 거저 주는 선물이다(참고, 롬 6:23).

5. 구원과 용서(5과)

1) 여호수아라는 말은 '여호와는 구원이시다'라는 뜻이다. 여호수아 1:2-3에서는 어떻게 나타났는가?

-하나님은 가나안 땅의 거주민들 속에서 이스라엘을 구원하실 것이며 이스라엘 민족에게 능력을 주어 그 땅을 소유하도록 하실 것이다.

2) 여호수아 7:10-12에서 하나님께서 왜 여호수아에게 기도를 멈추라고 하셨는가?

-이스라엘 백성들이 죄를 지었기 때문에.

시편 66;18의 내용은 무엇인가?

-'만일 내 마음에 죄악을 품으면, 주께서 듣지 아니 하시리라.'

이스라엘이 죄악을 해결한 후 어떠한 일이 일어났는가? (수 8:1)

-하나님의 축복의 약속이 회복되었다.

3) 하나님의 백성의 뛰어난 왕이며 영적 지도자인 다윗은 중대한 죄를 범했다 (삼하 11장). 그것은 간음(4절), 살인(15절), 그리고 위선(25절) 등의 죄였다. 이 점을 고려해 볼 때, 사도행전 13:22에서 다윗을 '하나님 마음에 합한 사람'이라고 말한 것은 어떻게 이해할 수 있을까? (참고, 삼하 12:13; 시 51:3)

–다윗은 죄의 처절한 대가를 치렀지만, 죄를 자백하여 하나님의 완전한 용서와 회복을 받았다.

6. 엘리야 : 성령의 능력의 사람(6과)

겁 많고 악한 왕 아합과 이방여인인 그의 악한 아내 이세벨이 하나님을 섬기지 않고 여호와의 선지자들을 죽일 때, 엘리야가 담대하게 왕 앞에 나타났다.

1) 엘리야의 용기는 어디로부터 왔는가? (왕상 17:1) 왜 엘리야는 그의 말에 따라 비가 오지 않을 것이라고 아합 왕에게 도전했는가?

–그는 하나님 안에 굳건히 서 있었으며 하나님은 아합의 사악함으로 인해 그 땅에 심판을 내리려는 중이었기 때문이다.

2) 3년 반 동안의 가뭄 후 엘리야는 아합 왕 앞에 다시 나타나 바알 선지자들과 공개적인 대결을 벌일 것을 요구했다(왕상 18장). 거짓 선지자들의 장황한 기도가 모두 헛수고로 끝나자 엘리야는 단순한 기도를 드렸다(왕상 18:36).

그의 간구 내용은 무엇이었으며, 그 기도가 엘리야가 성령의 인도함을 받는 사람임을 보여주는 이유는 무엇인가?

–그는 오직 살아 계신 하나님을 나타내 주시고, 엘리야가 그의 종임을 알게 해달라고 간구했다.

7. 예레미야 : 고독한 예언자(7과)

1) 예레미야는 유다의 마지막 영적인 왕과 여러 악한 왕들, 바벨론 포위와 공격의

때와 애굽으로 도망하는 소수 유대인들이 남아 있던 때에 유다에서 사역했다. 그는 하나님과 그의 백성을 충성스럽게 섬겼으나 백성들은 그의 경고를 무시했다. 예레미야가 절망스런 상황 가운데서도 항상 꿋꿋이 서 있을 수 있었던 이유는 무엇인가? (렘 1:4-9)

-그는 하나님께서 특별한 목적을 위해 자신을 부르시고 준비시키며 백성에게 할 말을 일러주실 것을 알고 있었다.

2) 예레미야는 당시의 종교 지도자들로부터 핍박을 받았다. 이런 박해가 그의 메시지에 어떠한 영향을 주었는가?

-그의 신념과 믿음을 더욱 강하게 만들었을 뿐이었다.

3) 그의 메세지를 백성들이 거부하자 예레미야는 무엇을 생각했는가? (20:8-9)

-말하지도 않고 잠잠하겠다.

그러나 그는 어떠한 격려를 받았는가? (11절)

-그는 주께서 용사처럼 그와 함께하심을 알았다.

4) 이 내용은 당신에게 어떠한 도움이 되는가?

결론과 적용

어떤 사람들은 구약성경을 특별한 가치가 없는 우화요, 신화라고 여긴다. 여러분은 이 성경의 가치를 어떻게 세상에 피력하겠는가? 성경이 역사에 어떠한 영향을 끼쳤는지 생각해보았는가?

구약성경의 페이지마다 가장 위대한 드라마와 시와 연설과 진리들이 기록되어 있다. 구약성경에 견줄만한 책은 신약성경밖에 없다. 우리는 그리스도처럼 구약성경을 열심히 공부해야 한다. 구약성경의 주제는 인간의 전적인 타락과 하나님의 전적인 은혜이다.

당신은 예수님이 오신 목적을 이해하는가? 예수 그리스도를 여러분의 삶에 초청했는가? 죄를 고백하며 주께 능력 있게 봉사 하기 위해 성령의 충만함을 간구했는가? 이 단계를 밟지 않았다면, 지금 이와같은 결단의 시간을 가지라.

인간의 실패와 하나님의 은혜에 대한 성경구절

	하나님의 약속	인간의 실패	하나님의 은혜
1. 모세오경	창 12:1-3 출 6:6-8	창 3:6-7 창 16:1-3 출 6:9	창 3:15, 21 창 21:1-3 민 14:30-34
2. 역사서	삼하 7:8-13	삿 1:11-13 삿 21:25 삼하 2장	왕상 11:9-13 왕상 15:3-4